URSULA HEINZELMANN · MANFRED LÜER

MIT FOTOGRAFIEN
VON
ANDREAS DURST

RHEINHESSEN
NAHE UND
AHR

WEINE · WINZER · WEINLANDSCHAFTEN

SCHERZ

www.fischerverlage.de

Erschienen bei Scherz, ein Verlag
der S. Fischer Verlag GmbH, Frankfurt am Main
S. Fischer Verlag GmbH, Frankfurt am Main 2009
Foto Seite 6: Florian Bolk
Lagen-Karten: Golden Section Graphics, Berlin
Satz: H & G Herstellung, Hamburg
Litho: Die Litho, Hamburg
Druck und Bindung: Himmer, Augsburg
Printed in Germany

ISBN 978-3-502-15180-7

Inhalt

Phönix aus der Asche

Als ich Rheinhessen das erste Mal vor gut 20 Jahren erlebte, war es ein ganz anderes Weingebiet als heute. Es schien eine Art Niemandsland zwischen dem traditionsreichen Rheingau und der schönen Pfalz zu sein, wo auf langweiligen breiten Hügeln neben Zuckerrüben und Spargel auch Wein wuchs. Der hieß nur allzu oft »Liebfraumilch«, war billig, süß und belanglos. Viele Einwohner des Rhein-Main-Gebiets fuhren regelmäßig zu »ihrem« Rheinhessen-Winzer und holten sich eine Kofferladung günstigen Alltagswein, der aber meist ziemlich anonym schmeckte. Nur die »Insel« Nierstein am Rhein bot deutlich mehr, aber diese Gewächse hatten es schwer, weil weder »Rheingau« noch »Pfalz« auf den Etiketten stand. Nicht einmal dem damaligen Spitzenerzeuger des Gebiets, Freiherrn Heyl zu Herrnsheim (der immer noch empfehlenswert ist), wurde die verdiente Beachtung geschenkt, trotz Adelstitel.

Doch vor kurzem hat sich das Blatt gewendet. Seit dem neuen Millennium ist Rheinhessen supercool geworden. Die lange Liebfraumilch-Eiszeit ist endlich vorbei, und neue trockene Weißweine von dynamischen Jungwinzern sorgen für Begeisterung unter Weinfreunden und Aufregung in den Medien. Die Winzer und ihre Gäste feiern diesen Erfolg auf Weinpartys, wo Rheinhessen rockt, und die begehrtesten Gewächse, zusammen mit den Weinen der neuesten Aufsteiger, sind unter den Sommeliers und Weinhändlern des ganzen Landes heiß umkämpft. Die Wein- und Gastro-Autorin Ursula Heinzelmann hat diese höchst dynamische neue Weinkultur sehr genau unter die Lupe genommen, um Ihnen die maßgeblichen Winzer und ihre Weine zu präsentieren.

Auf den folgenden Seiten ist auch zu lesen, wie diese Revolution von einer Handvoll junger Menschen ausging, Qualitätsfanatikern wie Klaus-Peter Keller aus Flörsheim-Dalsheim und Philipp Wittmann aus Westhofen. Sie erwies sich als extrem ansteckend und verbreitete sich wie ein Buschfeuer. Das liegt daran, dass der neue Rheinhessen-Geist auf Offenheit und gegenseitigem Respekt zwischen den Winzern basiert, genau wie die Liebfraumilch-Eiszeit auf Misstrauen und Missgunst zwischen ihnen zurückzuführen war. Diese psychologische Wende ermöglichte den Aufstieg von zahlreichen beeindruckenden jungen Winzern. Erst über ihre Weine haben wir die geologische und landschaftliche Vielfalt von Rheinhessen wiederentdeckt.

Die Nahe ist trotz einiger äußerst erfolgreicher Winzer wie Armin Diel vom Schlossgut Diel in Burg Layen, Helmut Dönnhoff von dem gleichnamigen Gut in Oberhausen und Werner Schönleber vom Weingut Emrich-Schönleber in Monzingen hartnäckig unbekannt geblieben. Das scheint ihr Schicksal zu sein; so war es auch schon vor einem Vierteljahrhundert, als ich zum ersten Mal dorthin kam. Daher sind abseits von Bad Kreuznach keine Touristenströme anzutreffen, wohl aber grandiose, menschenleere Landschaften und immer mehr eigenständige Weine. Auch hier findet eine Weinrevolution statt, aber sie ist nicht so laut wie in Rheinhessen: »Unplugged« (ohne Verstärkung) heißt ihr Schlagwort – dank Martin Tesch vom Weingut Tesch in Langenlonsheim.

An der Nahe ist Riesling sicher die hochgewachsene, souveräne Königin unter den Traubensorten, aber, wie Manfred Lüer entdeckte, sind Weißburgunder und Grauburgunder inzwischen reizende Prinzessinnen geworden, die ihren ganz eigenen Charme haben.

Man könnte meinen, die Ahr braucht gar keine Einleitung, weil jeder weiß, dass hier seit eh und je Rotwein erzeugt wird. Wie Manfred Lüer erzählt, hat sich dieses winzige, felsige Tal während der letzten 20 Jahre aber neu erfunden und erzeugt jetzt ganz trockene, aber überraschend üppige und weiche Spätburgunder Rotweine, die auf unserem Weinplaneten einmalig sind.

Ursula Heinzelmann und Manfred Lüer haben diese Weingebiete für das Standardwerk über Weine aus deutschsprachigen Anbaugebieten »Wein spricht deutsch« mehrere Jahre bereist. Die Texte aus diesem Band bilden die Grundlage für die aktualisierte und erweiterte Ausgabe von »Stuart Pigotts Weinreisen Rheinhessen, Nahe, Ahr«. Hinzugekommen sind viele weitere herausragende Winzer sowie unsere ganz persönlichen touristischen und kulinarischen Empfehlungen. Der Kartograph Jan Schwochow und der Fotograf Andreas Durst machen die Einzigartigkeit und die Schönheit dieser Landschaften greifbar.

Die Gebiete sind voneinander nur durch eine kurze Auto- oder Bahnfahrt getrennt, und an manchen Stellen kann man zu Fuß von der Nahe nach Rheinhessen (oder umgekehrt) gelangen. Trotzdem fallen die Weine nicht weniger unterschiedlich aus als die Landschaften, in denen sie wachsen. Einen ersten Eindruck von jedem Gebiet kann man sich bei einem Tagesausflug verschaffen, eine längere und intensivere Bekanntschaft aber wird Sie mit unvergesslichen Eindrücken belohnen.

Ihr

Stuart Pigott

Unsere TOP TEN

1

Das **KLOSTER RUPERTSBERG AUF DEM ROCHUSBERG** wurde 1150 von Hildegard von Bingen gegründet. Heute bieten die Kreuzschwestern mit dem Hildegard Forum eine ständige Ausstellung über die berühmte Äbtissin und auf Voranmeldung auch Führungen durch den Heilkräutergarten und die Rochuskapelle an.

Hildegard Forum der Kreuzschwestern
Rochusberg 1
D-55411 Bingen
Tel. +49 (0)67 21/18 10 00
Fax +49 (0)67 21/1 81 00 10
E-Mail: info@hildegard-forum.de
www.hildegard-forum.de

2

Am **ROTEN HANG** von Nackenheim nach Schwabsburg wandern – Karte unter www.nierstein.de – am besten sonntags, wenn das Paläontologische Museum in Nierstein geöffnet ist und einen Blick zurück bietet, als in Rheinhessen noch Seekühe und Haie schwammen.

Paläontologisches Museum Nierstein
Marktplatz 1
D-55283 Nierstein
Tel. +49 (0) 61 33/60 94 62
E-Mail:
fossilien@museumnierstein.de
www.museum-nierstein.de

3

Wer »rhoihessisch« lernen und herzlich lachen möchte, besucht eine der zahlreichen Vorstellungen des Silvester-Klassikers »Dinner for One« im Restaurant Völker in Oppenheim.

Restaurant Völker
Krämerstr. 7
D-55276 Oppenheim
Tel. +49 (0)61 33/22 69
Fax +49(0)61 33/22 98
E-Mail: info@restaurant-voelker.de
www.weinhaus-voelker.de

4

Das **OPPENHEIMER KELLERLABYRINTH** ist ein 600 Jahre altes Tunnelsystem. Manche Gänge liegen nur einen Meter unter der Asphaltdecke. 500 Meter Keller, Gänge und Treppen sind so weit stabilisiert, dass sich mutige Besucher in ihnen verirren können.
Führungen Dauer: circa 60 Minuten

Tourist- und Festspielbüro
Merianstraße 4
D-55276 Oppenheim
Tel. +49 (0)61 33/49 09 14
Fax +49 (0)61 33/49 09 29
E-Mail: info@stadt-oppenheim.de
www.stadt-oppenheim.de

5

Im **BESUCHERBERGWERK SCHMITTENSTOLLEN** hat man dem interessierten Besucher die vor ungefähr 550 Jahren entstandene Berganlage zugängig gemacht. Das Bergwerk wurde 1942 stillgelegt und dient heute als Besucherbergwerk, das von März bis Oktober durchgehend geöffnet ist.

Besucherbergwerk Schmittenstollen
D-55583 Bad Münster
(Stein-Ebernburg)
Tel. +49 (0)67 58/84 04
www.schmittenstollen.de

6

Der **ROTENFELS** (327 m ü. NN) zwischen Bad Münster am Stein-Ebernburg und Norheim ist das höchste Felsmassiv Deutschlands außerhalb des Alpenraums und lädt zum Wandern und Klettern ein. Es ist als Naturschutzgebiet ausgezeichnet und beheimatet Flora und Fauna, insbesondere den Wanderfalken. Die Klettersaison beginnt am 1. Mai und endet am 31. Dezember. Das Klettern sollten aber nur Erfahrene wagen.

Deutscher Alpenverein Sektion Nahegau
D-55501 Bad Kreuznach
Tel. +49 (0)6 71/4 76 84
Fax +49 (0)6 71/4 76 84
E-Mail: Kontakt@dav-nahegau.de
www.dav-nahegau.de
www.bad-muenster-am-stein.de

DOKUMENTATIONS- 7
STÄTTE REGIERUNGS-
BUNKER

Der ehemals geheimste Ort der Bundesrepublik Deutschland in Bad Neuenahr-Ahrweiler ist seit März 2008 als Museum und Dokumentationsstätte der Öffentlichkeit zugänglich. Frühere Mitarbeiter führen die Besucher durch den Regierungsbunker.
Eine Besichtigung ist nur im Rahmen einer Führung möglich.

Dokumentationsstätte
Regierungsbunker
Am Silberberg 0
D-53474 Bad Neuenahr-Ahrweiler
Am Rotweinwanderweg
Tel. + 49 (0)26 41/91 17 05 3
Fax. +49 (0)26 41/91 71 51
E-Mail: Regierungsbunker@
Alt-Ahrweiler.de
info@ahrtaltourismus.de
www.bunkermuseum-ahrweiler.de
www.ahrtaltourismus.de.

WINZERMUSEUM 8
BACHEM

Wie funktionierte der Weinanbau in vergangener Zeit? Was für Werkzeuge benutzten die Winzer, um beispielsweise die vom Regen langsam heruntergewaschene Erde an den Weinbergen wieder nach oben zu führen. Diese und andere spannenden Fragen beantwortet das Museum auf unterhaltsame und lehrreiche Art. Ein Erlebnis für Weinentdecker und Weinexperten gleichermaßen.

Winzermuseum Bachem
Im alten Backhaus
Königstraße 23
D-53474 Bad Neuenahr-
Ahrweiler
Tel. +49 (0)26 41/3 48 65

9

Der **ROTWEINWANDERWEG**, ein absolutes Muss. 35 Kilometer durch die Weinberge, mit tollen Aussichten, etwa auf die Burg Are oder über Altenahr.
www.rotweinwanderweg.de
www.ahr-rotweinwanderweg.de

ARP MUSEUM 10

Auf dem Weg von Bonn ins Ahrtal am Rhein entlang fasziniert das Arp Museum im Bahnhof Rolandseck. Kunst, Architektur und Natur gehen hier eine wunderbare Symbiose ein.

Landes-Stiftung Arp Museum
Bahnhof Rolandseck
Hans-Arp-Allee 1
D- 53424 Remagen
Tel. +49 (0)22 28/94 25 12
Fax +49 (0)22 28/94 25 21
E-Mail: info@arpmuseum.org
www.arpmuseum.org

Unsere TOP TEN sind eine persönliche Auswahl von Orten und Ereignissen, die wir Ihnen gerne weiterempfehlen möchten. Die Numerierung stellt keine Bewertung dar.

RHEINHESSEN

Die Entdeckung einer neuen Weinlandschaft

Von Ursula Heinzelmann

Es ist bereits nach Mitternacht, die Band spielt »Hot Stuff« von Donna Summers, und auf der Tanzfläche dreht, zuckt, hüpft es mit einer unbändigen, ansteckenden Begeisterung. Auch an der Bar drängt sich die Menge, um *hot stuff* in die Gläser zu bekommen. Allerdings werden hier weder Cocktails noch Bier ausgeschenkt, sondern wirklich coole Energy Drinks. Genauer gesagt, der Wein fließt in Strömen, und auf den Etiketten der Flaschen steht Silvaner, Riesling, Scheurebe. Die Gruppe von 20 jungen Rheinhessen-Winzern, die hier mit Freunden, Fans und anderen Weinbegeisterten in den ersten Mai tanzt, hat sich 2001 unter dem Namen »message in a bottle« zusammengetan, und heute Abend lautet die Nachricht: Spaß haben. Vor der Eröffnung der Weintheke zur Wein-Party hat es jedoch eine Verkostung von einem Spitzenwein pro Betrieb gegeben, und dass sich diese Weine jedes Jahr besser und vor allem charaktervoller präsentieren, trägt zweifellos noch zur guten Stimmung bei. Diese Gruppe von jungen Winzern schafft nicht nur eine neue Verbindung von Popmusik und unkompliziertem Weingenuss, sie entdeckt mit einer Mischung von Neugier, Unvoreingenommenheit und Know-how auch eine ganz neue Weinlandschaft. Wer hatte in der Weinszene der Gegenwart von der Rheinhessischen Schweiz gehört, bevor Daniel Wagner vom Weingut Wagner-Stempel seinen Heerkretz-Riesling aus den steinigen, steilen Porphyrböden präsentierte? Wer traute dem Wonnegau große Weine zu, bevor Klauspeter Keller mit dem Hubacker und Philipp Wittmann mit dem Morstein zwei bis dahin weiße Flecken auf der Landkarte füllten? Wer nahm einen Wein aus der Lage Leckerberg ernst, bevor Stefan Winter zeigte, dass auch Dittelsheim-Heßloch Potenzial hat?

Wahrhaft Grund für Freudentänze also, alles neu macht der Mai! Doch diese neue Landschaft hat natürlich eine Vergangenheit, derer sich Rheinhessen nicht zuletzt auch beim Wein langsam bewusst wird. Denn eigentlich hat die Wein-in-den-Mai-Party vor Millionen von Jahren begonnen – *beam us back*, Bacchus!

RHEINHESSEN

■ WEINANBAU   ■ STÄDTE & DÖRFER

Unsere Top Ten

RHEINHESSEN-TOURISTIK GMBH
Wilhelm-Leuschner-Straße 44
D-55218 Ingelheim am Rhein
Tel. +49 (0)61 32/4 41 70
Fax: +49 (0)61 32/44 17 44
E-Mail: info@rheinhessen.info
www.rheinhessen.info

RHEINHESSENWEIN E.V.
Otto-Lilienthal-Straße 4
D-55232 Alzey
Tel. +49 (0)67 31/9 51 07 40
Fax +49 (0)67 31/95 10 74 99
E-Mail: info@rheinhessenwein.de
www.rheinhessenwein.de

Frankfurt

Main

Flughafen
Frankfurt

50° NÖRDL. BREITE

HESSEN

Nackenheim

Darmstadt

Oppenheim

Ludwigshöhe
Guntersblum

Biebesheim
Mettenheim

Osthofen

Norden
10 km

Ludwigshafen

1 Kloster Rupertsberg
www.hildegard-forum.de

2 Paläontologisches Museum
Nierstein
www.museum-nierstein.de

3 Restaurant Völker
»Dinner for One«
www.weinhaus-voelker.de

4 Oppenheimer
Kellerlabyrinth
www.stadt-oppenheim.de

KARTENAUSSCHNITT

HANNOVER

DÜSSELDORF

BONN

FRANKFURT

LUXEMBURG

TRIER

HEIDELBERG

STUTTGART

STRASSBURG

© Infographic.de

Der Boden eines subtropischen Meeres, bedeckt von Sand, Kies und Geröll, Austern und Muscheln aller Arten. Algen überziehen riesige Riffe und wehen in der Strömung. Links gleitet eine majestätische Seekuh vorbei, rechts flitzt ein Zähne bleckender Hai durchs warme Wasser. Gestern war er vielleicht noch am Fuße der gerade entstehenden Alpen, jetzt ist er auf dem Weg ins Nordmeer. Wunderbare verkehrstechnische Anbindung vor 60 Millionen Jahren! Er hat Glück, dass mit der Hebung der Alpen der Oberrheingraben weiter eingebrochen ist und an seinem nordwestlichen Ende sogar ein ganzes Stück der Erdkruste mitgerissen hat, sodass sich im Mainzer Becken, auf halbem Weg zwischen Süd- und Nordeuropa, diese Meeresbucht gebildet hat. Etliche Millionen Jahre wogt es hier mächtig, dann wird es immer öfter immer enger und weniger salzig im Wasser – das Meer zieht sich zurück, wird erst Lagune und dann Gras- und Waldlandschaft an den Ufern des Ur-Rheins. Der fließt vorerst ganz ungeniert quer mäandernd von Worms nach Bingen über das Kalksteinplateau der ehemaligen Riffe, durch die jetzt anstelle von Hai und Seekuh Raubtiere und Rheinelefanten streifen. Das Wasser schleift die Klippen zu sanften Wölbungen, bringt immerfort Sedimente mit.

Wein-Gegenwart in Oppenheim.

■ Mein Vater hat das Weingut einfach nur übernommen, weil er der älteste Sohn war – ein Grund, warum viele Weingüter heute Erfolg haben, ist, dass es uns richtig Spaß macht und die Weine auch so schmecken!
Jürgen Hofmann, Weingut Hofmann, Appenheim

Doch der Oberrheingraben sinkt weiter ein, das Mainzer Becken kippt förmlich ab, schafft damit den dramatisch abfallenden roten Hang aus älteren, tieferen Gesteinsschichten und drängt den Fluss bis hinauf nach Mainz nach Osten ab. Dort stößt er auf die harte Masse des Rheinischen Schiefergebirges, gibt erst einmal klein bei und vollführt einen scharfen Knick nach Westen. Bei Bingen bricht er sich endlich einen Weg zwischen Hunsrück und Taunus hindurch – trennt dabei den

Rochusberg von seinem Muttergebirge im Rheingau ab – und kann in der ursprünglichen Richtung weiter nach Norden fließen. In dem Becken südwestlich dieses Knies wird es merklich kälter, Schluss mit tropisch! Kalt- und Warmzeiten wechseln; doch immerhin geht es hier ohne Eiszeiten und ihre Gletscher ab. Der Beckenboden hebt sich ein wenig und bricht in einzelne Schollen. Der Wind rundet die Konturen mit Sand und Löss. Regen, Kälte und Hitze verdichten, schichten und vermischen beides in unterschiedlichsten Variationen mit dem Kalk des ehemaligen Meeresbodens.

An den Flüssen, die die Tafelberge und Hügel nun mit Tälern durchziehen, tauchen Mammuts, Wildpferde und Bären auf. Und schließlich in der letzten, bis heute andauernden Warmzeit auch der Mensch – da ist die Seekuh bereits seit rund 65 Millionen Jahren zum versteinerten Skelett geworden. Zusammen mit Austernschalen und Haifischzähnen hat sie sich im Schatten der Wälder an der ehemaligen Meeresküste und den ihr vorgelagerten kleinen Inseln aus vulkanischem Gestein zwischen Donnersberg und Bad Kreuznach im Westen des Beckens im kiesigen Strand zur Ruhe gebettet.

Der Mensch hingegen beginnt allmählich Fuß zu fassen in dieser abwechslungsreichen Landschaft, ihren Hügeln, Hochebenen und Tälern, die geschützt von Hunsrück, Taunus, Spessart, Odenwald und Nordpfälzer Bergland zu den wärmsten, sonnenscheinreichsten Gegenden des heutigen Deutschlands gehört. Um ihn auf seinem ereignisreichen Weg ins 21. Jahrhundert zu begleiten, empfiehlt sich zur Stärkung ein Glas Wein. Ein trockener Riesling aus dem Niersteiner Oelberg etwa, der mit seiner besonderen Würze und stillen, warmen Kraft zu den großen Rheinweinen der Weingeschichte gehört und heute meist übersehen wird oder in Form von billigem Niersteiner Gutes Domtal in Erscheinung tritt. Rheinwein – das ist heute für die meisten vor allem Rheingauer Wein. Im Mittelalter verstand man darunter in Unterscheidung zu Elsässer und Frankenwein zwar auch die Gewächse aus dem schmalen Streifen am Fuße des Taunus nördlich des Flusses, daneben aber die des Speyergaus, des Wormsergaus, des Oppenheimergaus und des Mainzergaus. Letztere drei entsprechen ungefähr dem heutigen Rheinhessen – das allerdings nicht das Geringste mit Hessen zu tun hat... Doch erst muss sich der Mensch in

Riesling
Weiße Rebsorte, die wichtigste Qualitätssorte im deutschsprachigen Raum.

Einfachste »Kellertechnologie«.

dem ehemaligen Meeresbecken überhaupt richtig niederlassen.

Wann und wo er hier zum ersten Mal auf die Rebe gestoßen ist und ihre berauschenden Vorzüge auszunutzen gewusst hat, liegt nach wie vor im Dunkeln. Die ersten Samenfunde von Wildreben im Frankfurter Raum stammen bereits aus Haifischzeiten. Später wurde es den lianenartigen Gewächsen zu kalt, aber mit der gegenwärtigen Warmzeit wanderten sie von Süden her über das Rhônetal beharrlich wieder nach Norden – angeblich hat es noch im 19. Jahrhundert in den Wäldern am Rhein Wildreben gegeben. Erst den Römern gesteht die Geschichtsschreibung in Rheinhessen den Weinbau zu. Doch vor ihnen, vor rund 2600 Jahren, siedeln die Kelten auf dem ehemaligen Meeresboden, der sich, so mitten in Europa, zu einem Schnittpunkt wichtiger kontinentweiter Völkerwege und Handelsstraßen entwickelt. Sie gründen die größeren, heute noch bestehenden Städte, geben dem Rhein seinen Namen – Rhynn – und haben ihre Hauptfestung in Form eines gewaltigen Ringwalls im Westen auf dem Donnersberg. Vor etwa 2100 Jahren stoßen dann von Norden die Germanen in das Land am Rheinknie vor, und nicht viel später erscheinen auch die Römer selbst auf der rheinhessischen Bühne. Das Rheintal ist strategisch wichtig für die Herrschaft über Gallien und Germanien, der Fluss die Grenze des römischen Reiches.

Aus dem Süden strömen Einwanderer, Händler, Beamte, Lehrer nach Rheinhessen, römische Soldaten werden vor allem in Mainz stationiert, dem Mittelpunkt der obergermanischen Provinz – und alle haben Durst und sind gewohnt, ihn mit Wein zu stillen. Wein heranzuschaffen, noch dazu in ein derart für den Weinbau geeignetes Land, wäre absurd. Zweifellos versorgen also die Großbetriebe, die *villae rusticae*, die an verdiente Veteranen verliehen und mit Sklaven bewirtschaftet werden, Armee und Zivilbevölkerung auch mit Wein. Von Zeit zu Zeit werden zwar Anbauverbote erlassen, um keine Konkurrenz zur heimischen Weinindustrie in Italien aufkommen zu lassen – das Straßennetz ist gut ausgebaut, der Rhein hat sich zu einer bedeutenden Handelsstraße entwickelt –, doch die Weinkultur in der germanischen Provinz wächst und gedeiht, Arm und Reich trinken Wein.

Dann bricht die Völkerwanderung auch über Rheinhessen herein. Die Burgunder gründen für kurze Zeit ihr Reich mit der Hauptstadt Worms und sorgen damit langanhaltend für Lesestoff in Form der »Nibelungensage«, bis sie zuerst von den Alemannen und schließlich vor rund 1500 Jahren von den Franken verdrängt werden. Die keltisch-germanisch-römische Bevölkerung nimmt fränkische Züge an – die charakteristischen Haufendörfer mit ihren Fachwerkhäusern zeugen bis heute davon – und trinkt weiter Wein. Die Kaiserpfalz in Ingelheim, eine der wichtigsten des damaligen Reisekönigtums ohne festen Regierungssitz, entwickelt sich zu einem Zentrum der Landwirtschaft und des Weinbaus. Die Franken bzw. Karolinger sind seit dem fünften Jahrhundert christlich, und der Klerus trinkt nicht nur gerne Wein, er braucht ihn auch für die Messe. Klöster in Lorsch, Fulda, Trier und Prüm in der Eifel werden mit rheinhessischen Weinbergen bedacht, und aus einer dieser Transaktionen, von 753, stammt das erste schriftliche Zeugnis über den hiesigen Weinbau.

Karl der Große trägt mit seinen weitsichtigen landwirtschaftlichen Richtlinien, den *Capitulare de villis*, die genaue Anweisungen zu Anbauflächen, Ausbau und Absatz der Weine enthalten, entscheidend zur Ausdehnung des Weinbaus im Allgemeinen bei. Vielleicht lässt er von der Loire neue Rebsorten kommen, vielleicht sorgt er auch für den Anbau des Spätburgunders. Ansonsten herrscht sicher ein vielfältiges Durcheinander an Rebsorten; in Nierstein etwa wird »aus frühester Zeit« von »Hammelhoden, Nethap, schwarze Welsche und Veltliner« berichtet, die im 18. Jahrhundert durch Orleans Harthensch verdrängt worden seien. Orleans ist bis in unsere Zeit aus dem Rheingau bekannt, Harthensch mag der robuste Heunisch aus den kontinentalen Steppen im Osten Europas sein. Erst im 19. Jahrhundert setzen sich auch in Rheinhessen vor allem Riesling und Silvaner bzw. Österreicher durch, daneben gibt es Tokaier/Grauburgunder, Traminer, Früh- und Spätburgunder.

Doch erst einmal wird noch ein buntes Gemisch angebaut. Das soll möglichst sichere und möglichst große Ernten garantieren, um die Grundherren der Winzer zufriedenzustellen, deren Rebflächen durch die fränkische Realteilungssitte zunehmend zersplittert wurden und die Bebauer bald in die Abhängigkeit führten. Der Lesetermin richtet sich nach dem Eintreffen der Zehntvögte, die Abgabeweine werden oft in einem einzigen großen Fass des Grundherrn

Nachfolgende Doppelseite:
Der Rhein – Höhensonne und
Heizung für den Roten Hang
zwischen Nackenheim und
Nierstein.

zusammengeschüttet. Nur wenige Herkunftsorte – darunter Nierstein, zum Wohl! – machen sich einen Namen durch besondere Qualität. In den Jahrhunderten bis zum Dreißigjährigen Krieg werden die Zugehörigkeiten und Herrschaftsverhältnisse in dem als reich und strategisch wertvoll geltenden Landstrich zwischen Rhein und Donnersberg durch Schenkungen, Pfändungen und Belehnungen immer komplizierter und verworrener. Kurpfalz und in geringerem Ausmaß Kurmainz entwickeln sich zu den entscheidenden Territorialmächten, daneben aber gehören 58 Gemeinden zu 32 verschiedenen weltlichen und geistigen Herrschaften!

Im Laufe des Dreißigjährigen Krieges wogen kaiserliche, spanische, schwedische und französische Heere durch das ehemalige Meeresbecken. Alle haben Durst und wollen beherbergt und verköstigt werden. Der Wiederaufbau ist mühsam, es fehlt an Arbeitskräften, und man siedelt Flüchtlinge aus den Niederlanden, der Schweiz, Frankreich und Tirol an. Als habe es nicht genug Verwüstungen und Leid gegeben, erhebt Ludwig XIV. aufgrund der Heirat seines Bruders mit Liselotte von der Pfalz 1688 Ansprüche auf die linksrheinischen Gebiete der Kurpfalz, zieht mit seinen Truppen ein und gibt die Losung aus, die Pfalz in Schutt und Asche zu legen, *brûler le Palatinat*. Erst 1697 hat der Spuk ein Ende, doch es folgen weitere Kriege, Einquartierungen und Kriegssteuern, und der Weinbau, der schließlich ein langfristig angelegtes Unternehmen ist, hat es schwer. Zumal die Klöster, die seit fränkischen Zeiten als Musterbetriebe dienen, unter der protestantischen kurpfälzischen Herrschaft weitgehend verschwunden sind und es an Impulsen fehlt.

Wenn die Reben im Winter ganz kahl sind, lässt sich die Drahtrahmen-Anlage besonders gut erkennen.

Schließlich besetzt Napoleon 1792 seinerseits das gesamte linksrheinische Gebiet und annektiert 1798 den heutigen Verwaltungsbezirk Rheinhessen-Pfalz als *Département Mont Tonnerre*, benannt also nach der höchsten Erhebung, dem 651 Meter hohen Donnersberg im Nordpfälzer Bergland, mit den vier Unterpräfekturen Mainz, Speyer, Kaiserslautern und Zweibrücken. Er vertreibt Adel und Klerus, beseitigt Leibeigenschaft und Zehnten und schafft so die Möglichkeit einer freien Winzerexistenz auf eigenem Grund und Boden. Die einheitliche Gesetzgebung des *Code Civil* und die Abschaffung der Zollschranken innerhalb des Gebiets sorgen für das Bewusstsein regionaler Einheit. Mit dem Weinbau geht es wie zuvor unter den Römern: Die Franzosen dulden ihn für die Selbstversorgung der Bevölkerung, achten aber streng darauf, dass ihnen keine Konkurrenz erwächst.

Erst 1814 erübrigt sich mit der deutschen Rückeroberung der linksrheinischen Gebiete das Französische als offizielle Amtssprache, im Zuge der Neuordnung des Rheinlands beim Wiener Kongress geht der nördliche Teil bis zur Nahe an Preußen, der heutige Regierungsbezirk Pfalz an Bayern und dann 1816 schließlich das Gebiet, das dem heutigen Rheinhessen entspricht, als Austausch für Westfalen an das bis dahin nur rechtsrheinisch gelegene Großherzogtum Hessen. 1817 werden Seekuh, Haifischzähne und Austernschalen zu »Rhoihessen«.

D as Großherzogtum hat bis dahin nur wenig eigenen Weinbau, engagiert sich sehr für die neuen Gebiete, und das Leben im Mainzer Becken nimmt für eine Weile einen wahrhaft ruhigen Lauf. Wein ist Teil des bäuerlichen Alltags. Bis auf wenige Ausnahmen – Nierstein! – wird er in Rheinhessen durch die komplexe Vermischung von Hochflächen, Hängen und Talböden und ihrer unterschiedlichen landwirtschaftlichen Eignung in Gemischtbetrieben erzeugt, und durch die fruchtbaren Böden können auch kleinere Betriebe gut existieren. Mainz entwickelt sich zum Zentrum des rheinischen Weinhandels, und die rheinhessischen Gewächse finden – zweifellos auch aufgrund ihrer im Vergleich zu Mosel und Rheingau milderen Art – guten Absatz.

An diesem Punkt der rheinhessischen Geschichte empfiehlt sich ein zweites Glas Niersteiner – denn wieder brechen schwierige Zeiten an. Rheinhessen wird 1918 aufs Neue durch französische Truppen besetzt, mit den zu erwartenden Folgen, darunter durch neue Zollgrenzen auch die wirtschaftliche Abkapselung von den rechtsrheinischen Gebieten. Erst 1930 räumen die Besatzer – nach vergeblichen separatistischen Bemühungen – das Feld. Die Rheinlandbefreiung wird stürmisch gefeiert, doch 1936 rückt die Wehrmacht in die entmilitarisierte Zone Rheinhessen ein, und eine große Umschichtung beginnt: Provinzen werden aufgelöst, Kreise neu geordnet, Mainz und Worms kreisfreie Städte… Im Juli 1945 kommen die Franzosen zum dritten Mal in der Geschichte als Besatzungsmacht ins Mainzer Becken. Zuvor ist allerdings

Hochzeitsfass von Philipp Wittmann und Eva Clüsserath – nicht das einzige rheinhessisch-moselanische Paar.

Liebfraumilch, einer der ersten Kultweine

Einfach jeder, der in England Mitte des 19. Jahrhunderts etwas auf sich hielt, wollte Liebfraumilch: dieser frische leichte Weißwein war so *delicious*, so viel angesagter als das übermäßig süße, schwere Zeug, das Eltern und Großeltern tranken – hier war die Neuzeit des Weins! Die feinen Pfirsicharomen ließen einen träumen von der romantischen Schifffahrt den Rhein hinauf: die Loreley, Schloss Johannisberg, der Marcobrunn in Erbach... bis schließlich im morgendlichen Nebel die Liebfrauenstiftskirche von Worms inmitten ihrer Weinberge auftauchte. Die Engländer konnten gar nicht genug bekommen von dem *Rhine Wine*, der zu Füßen der Madonna an der Liebfrauenstiftskirche wuchs. Charles Dickens bestellte ihn, und auch Queen Victoria schätzte ein gelegentliches Glas Liebfraumilch.

Maximilien Mission hatte bereits 1687 über seine Reise nach Worms und die Anekdote über den Namen des Liebfrauenstift-Weins berichtet, der so süß schmecke »wie die Milch unserer lieben Frau«. Im Wormser Stadtarchiv ist ein Wein dieses Namens 1755 zum ersten Mal belegt. Und dann sorgte schließlich der 1827 von Karl Baedeker in Koblenz gegründete Reisebuchverlag für einen wahren Run an den Rhein.

Die Geschichte der bis heute erhaltenen steinernen Madonnenstatue, der so genannten Schutzmantel-Madonna im Garten des 1298 gegründeten Liebfrauenstiftes am Rheinufer und der sagenhafte Ruf des Rheinweins aus Worms, der bereits im Nibelungenlied als der »guote win, den besten, den man kunde vinden umben Rin« gepriesen wird – all das war zu Zeiten von Caspar David Friedrich und Joseph von Eichendorff bestes Material für die schreibende Zunft. Der Wormser Wein wurde zum Kult, die Nachfrage stieg besonders ab Mitte des 19. Jahrhunderts ganz erheblich. Da sich ursprünglich nur das Liebfraumilch nennen durfte, was in den ummauerten 3,5 Hektar Reben im Schatten der hochaufstrebenden, spätgotischen Kirchtürme gewachsen war, stiegen auch die Preise. Doch der Markt schrie nach mehr, und nicht nur die tüchtigen Weinhändler in Worms kamen dem geflissentlich nach. Die 3,5 Hektar wurden durch die unmittelbar angrenzenden Weingärten auf 14,5 erweitert – und schließlich stand doch das ganze Wormser Hinterland, der Wonnegau, voll mit Reben –, was wusste schon ein Weintrinker im fernen London, Amsterdam, Washington, Tokio, wie die Milch der Madonna ursprünglich schmeckte? Auf einem Weinbaukongress anlässlich der Einführung des ersten deutschen Weingesetzes wurde die Liebfraumilch 1910 konsequenterweise zum Typenwein deklariert, was sie dem Gesetz nach bis heute ist: nämlich ein lieblicher weißer Qualitätswein aus den Anbaugebieten Nahe, Pfalz, Rheingau oder Rheinhessen, zu 70 Prozent aus den Sorten Riesling, Silvaner, Müller-Thurgau und/oder Kerner, der mit den Reben rund um das Liebfrauenstift nicht das Geringste zu tun hat.

Dem Erfolg tat das lange Zeit keinen Abbruch, und noch Anfang der 1990er-Jahre wurden über 1,2 Millionen Hektoliter vor allem nach Großbritannien exportiert, während der Wein auf dem deutschen Markt quasi unsichtbar war. Doch die Verwandlung der süßen Milch in bittere Tränen durch Raffgier und Geringschätzung der Weintrinker war bereits vollzogen und von den einst stolzen Preisen schon lange keine Rede mehr. Deutschland war mit seinem mengenmäßig wichtigsten Exportwein zum Billiglieferant für einfachste süße wässrige Flüssigkeit geworden.

Also alles romantische Vergangenheit und vorbei? Nicht ganz. Die Lieblichkeit der Madonna, vom Ballast ihrer gnadenlosen Ausbeutung befreit, kommt endlich wieder im Weinglas zum Ausdruck. Jetzt allerdings vor allem in Form von trockenem Riesling und unter der Lagenbezeichnung Wormser Liebfrauenstift-Kirchenstück, wie man die ursprünglichen Liebfraumilch-Weingärten bereits 1910 in Reaktion auf die Entwicklung zum Typenwein repositioniert hatte. 1997 erwarben die Weingüter Gutzler und Schembs in Gundheim bzw. Osthofen einen guten Drittelhektar des Kirchenstücks und Gerhard Gutzler und Arno Schembs machten sich daran, den besonderen Charakter dieser Lage wieder zu ergründen. Und auch bei der Firma Valckenberg, heute in der siebten Generation von Wilhelm Steifensand geführt, bemüht man sich, an alte Größe anzuknüpfen. Seit 2001, mit der Einstellung von Gutsverwalter Tilman Queins, zeigen die Weine hier wieder Charakter, und schließlich gesellte sich 2003 mit Christian Spohr vom Wormser Weingut Spohr ein vierter engagierter junger Winzer zu dem Wiederbelebungsteam.

auf Anlass der amerikanischen Militärregierung das Ober-
regierungspräsidium Mittelrhein-Saar gebildet worden,
Grundstein für das heutige Bundesland Rheinland-Pfalz – unter Einschluss Rheinhessens. Seekuh und Weine sind nur
noch dem Namen nach Hessen.

Der Wiederaufbau ist hart, der Zusammenschluss mit
den preußischen, als konservativ geltenden nördlichen Be-
zirken auch psychologisch nicht einfach. Im Zuge der Ver-
waltungsreform von 1968 verliert Rheinhessen seinen Status
als selbständiger Verwaltungsbezirk, Rheinhessen-Pfalz
wird seitdem aus Neustadt an der Weinstraße regiert. Neben zahlreichen Eingemeindungen werden gleichzeitig
zwölf rheinhessische Gemeinden rechts der Nahe nördlich
von Bad Kreuznach nach Koblenz ausgegliedert, dafür kommen elf Gemeinden links der Nahe bei Bingen von Koblenz
nach Mainz-Bingen – die verwaltungstechnischen Grenzen
stimmen nicht mehr mit den Grenzen der Anbaugebiete
überein. 1975 findet mit einem Volksentscheid zur Anglie-
derung an Hessen ein letzter Versuch statt, dem eigenen Namen wieder Sinn zu verleihen. Doch das Ergebnis fällt nega-
tiv aus, inzwischen hat sich Rheinhessen nach all dem historischen Hin und Her quasi verselbständigt, und das liegt
vielleicht auch am Wein – am Anbaugebiet Rheinhessen,
dem mit um die 26 000 Hektar gegenwärtig größten
Deutschlands.

Einem etwas verzerrten, länglichen Viereck mit den Städ-
ten Worms, Mainz, Bingen an den Ecken und Alzey mitten-
drin. Im Norden und Osten vom Rhein, im Westen von der
Nahe eingegrenzt, im Süden im Hügelland der unteren
Pfrimm und dem Eisbach ein wenig unbestimmt auslaufend.
Weich geformte, größtenteils waldlose Hügel oder Hochebenen bis auf 220 Meter Höhe, nach Alzey hin auch bis 300
Meter, die von Fluss- und Trockentälern durchschnitten
werden. Mit der Selz, die sich in mehreren Bögen in Nord-
Süd-Richtung von Alzey bis zu ihrer Mündung in den Rhein
bei Ingelheim gegenüber von Oestrich-Winkel zieht. Und
dem Wiesbach, der vom Donnersberg hinunter in einem Bogen um Gau-Bickelheim herum am Wißberg vorbei durch
Sprendlingen zieht und bei Gensingen in die Nahe mündet.

*Eingemaischte Riesling-Trauben,
um den Häuten mehr Inhaltsstoffe
zu entlocken.*

Eine in weiten Zügen malerische Landschaft – wenn auch auf den ersten Blick etwas unübersichtlich. Die unzähligen auf -heim endenden Ortsnamen, ein Relikt der Franken, und viele ähnlich klingende dazu, wie Dalheim/Dalsheim oder Weinheim/Gau-Weinheim, machen die Sache nicht gerade einfacher. So viele der Hügel, um jede Ecke, über jede Kuppe ergibt sich ein neuer Blick. Und angesichts der Einflüsse von allen Seiten, über die Jahrtausende hinweg eine große Vermischung von Völkern und Kulturen – wie sollte da heute der Wein von einheitlichem Wesen sein? Seine enorme Vielfalt wird von einer neuen Generation von Winzern, die keinesfalls nur wilde Parties feiern, gerade erst zum Vorschein gebracht.

Happy End für Seekuh und ihre Heimat also? Noch nicht ganz – es gibt Altlasten der letzten Jahrzehnte aufzuarbeiten, als der Mensch, der sich über die Jahrtausende und Jahrmillionen hier so hartnäckig festgesetzt hat, nach all den Wirren und Mühen mit Besatzern und Durchzüglern endlich auch beim Wein auf ein leichteres Leben hofft. Er will an die Errungenschaften des technischen Fortschritts glauben, an das Wundermittel Mineraldünger, die sicheren Erträge hocheffizienter Neuzüchtungen, allen voran der Müller-Thurgau. Der rheinhessische Exportschlager Liebfraumilch hat bereits seit 1908 nichts mehr mit der Wormser Liebfrauenkirche zu tun, und mit dem Weingesetz von 1971 und seinen Großlagen braucht auch der Niersteiner nicht mehr am Roten Hang zu wachsen. Weintrauben lassen sich wie Zuckerrüben produzieren. Dass ihnen dabei der Charakter abhanden kommt, fällt erst störend auf, als der Absatz immer schwieriger wird. Rheinhessen auf dem Etikett stößt auf Ablehnung, wird mit Belanglosigkeit und Rübenfeldern assoziiert. Schließlich ist in den 1980er-Jahren selbst der Ruf des Niersteiners beinahe komplett ruiniert, trotz der dortigen altgewachsenen Struktur von Weinbaubetrieben mit ihrem gehörigen Maß an Erfahrung.

Jedoch – vielleicht ist es ein letztes Vermächtnis der Kelten bzw. Gallier –, als ganz Rheinhessen in einem Meer von banaler Süßlichkeit zu ertrinken droht, regt sich lange vor der Message-Gruppierung in einigen Weingütern direkt am Rhein der Widerstand, allen voran bei Gunderloch in Nackenheim sowie Heyl zu Herrnsheim und St. Antony in Nierstein. Im Gegensatz zu dem von Gemischtbetrieben

Neuzüchtungen
Rebkreuzungen, die seit Beginn des 20. Jahrhunderts aus europäischen Edelreben zu unterschiedlichen Zwecken gezüchtet werden.

Müller-Thurgau, Rivaner
Ende des 19. Jahrhunderts gezüchtete weiße Rebsortenkreuzung aus Riesling x Madeleine Royal (eine Variante vom Gutedel).

und einfacher zu bearbeitenden, flacheren Lagen geprägten Inneren des Landes ist hier am steilen Roten Hang Qualität die einzige Chance. In ihrem Kampf ums Überleben prägen diese Betriebe den nahezu militärischen Begriff der »Rheinfront« für die am Fluss situierten Lagen und trachten danach, sich vom Ballast des Hinterlands zu befreien. Sie su-

chen stattdessen den Qualitätsvergleich mit dem damals strahlend erfolgreichen Rheingau. In den 1990er-Jahren gelingt es ihnen aufgrund enormer Qualitätsbestrebungen, den Roten Hang in den Köpfen mancher Weintrinker beinahe vollkommen vom restlichen Rheinhessen abzugliedern – der Assoziation mit billig und süß, aus Neuzüchtungen von Sieger über Optima bis Ortega und Faber.

Süße Milch und bittere Tränen: das Wormser Liebfrauenstift-Kirchenstück.

O b man sich nun zu Wasser, auf der Straße oder mit der Bahn auf der Strecke zwischen Mainz und Worms bewegt – zwischen Nackenheim und Nierstein sieht man unweigerlich rot. Besonders in den Wintermonaten leuchtet der Boden in dem steilen Hang dunkelrot zwischen den Reben, die sich in nahezu geschlossener Front ziemlich exakt in Nord-Süd-Ausrichtung vom Ortsrand von Nackenheim bis nach Nierstein ziehen. Dort dreht der Rote Hang, das Filetstück der ansonsten von Löss und Sedimenten geprägten Rheinfront, dann oberhalb des Städtchens nach Südwesten im breiten Tal des Flügelsbachs ins Landesinnere bis in den Schwabsburger Kessel.

Bis auf wenige Ausnahmen wächst hier Riesling, doch zeigen die Weine aus dem Rothenberg, dem Pettenthal, Brudersberg, Hipping, Oelberg, Orbel und Schloss Schwabsburg einen gewissen roten Touch im Aroma. Vielleicht ist es eine Note, die gelegentlich an Hagebutte oder Hibiskus erinnert, vielleicht aber auch etwas Energetisches, das mit der Farbe Rot am besten umschrieben ist, ein Gefühl von Tiefenwärme. Aus der Tiefe sind diese Böden denn auch im wahrsten Sinne des Wortes aufgestiegen, als das Mainzer Becken beim Absinken des Oberrheingrabens an dieser Stelle aufbrach und rund 300 Millionen alte Gesteinsschichten freilegte, die andernorts bis auf die Gegend westlich von Alzey tief unter Löss, Kalk und Mergel – einem Kalktongemisch – begraben sind. Die stark verwitterten, von Eisen rot gefärbten Böden sehen zwar schiefrig aus, sind aber als Sedimente aus Ton und Sand der umliegenden Gebirge entstanden, lange vor den tropischen Meeresgestaden mit Seekuh, Austern und Haifischen. Damals blubberten am Donnersberg Vulkane, und im Mainzer Becken war es ähnlich trocken und heiß wie heute im Death Valley.

Im Hochsommer erinnert sich dieses so genannte Rotliegende seines Ursprungs. Dann steht förmlich die Hitze zwischen den Reben; die Westwinde aus den kühlen Nordpfälzer Bergen streichen ohne nennenswerten Effekt über den Hang hinweg, die enorme Wassermasse des Rheins wirkt am Tage wie eine Höhensonne und nachts wie eine Heizung, während sich der Boden aufgrund seiner Farbe sowieso schon schnell erwärmt. Das bröckelige Gestein ist ein schlechter Wasserspeicher, in vielen Jahren stoßen besonders jüngere Reben in diesem steppenartigen Klima an die Grenzen der Belastbarkeit. Die gelegentlichen starken Regengüsse im Sommer sorgen für ebenso viel Erosion wie Bewässerung; mit Begrünung und Mulchen wird heute eine verbesserte Wasserhaltekapazität angestrebt, während noch vor 100 Jahren am Roten Hang die Praxis des Kiesens üblich war, nämlich das Einbringen von roter Tonerde, um die Weinberge zu verjüngen.

Rotliegend, Rotliegendes
Ältester, ca. 280 Mio. Jahre alter Zeitabschnitt des Perm und danach benanntes rötlich gefärbtes Sedimentgestein aus dieser Zeit – wird oft irreführend roter Schiefer genannt.

Als der Mainzer Bankier Carl Gunderloch 1890 das Weingut Gunderloch in Nackenheim gründete, gehörten die Weine aus den Lagen entlang dem Roten Hang zu den höchstangesehenen Deutschlands. Als seine Urenkelin Agnes Hasselbach-Usinger zusammen mit ihrem Mann Fritz nicht ganz 100 Jahre später 1986 den Betrieb von ihren Eltern übernimmt, ist der Ruf der rheinhessischen Weine fast auf dem Nullpunkt. Die beiden müssen kämpfen, nicht nur um Anerkennung für ihre Weine bei anderen, sondern auch mit sich selbst: um das Selbstbewusstsein, der Ablehnung stets wieder aufs Neue entgegenzutreten. Um den Willen, den steilen Weinbergen das Äußerste abzuverlangen. Um das Durchhaltevermögen, dabei selbst immer wieder bis ans Äußerste zu gehen. Sei es bei der äußerst peniblen Lese, die grundsätzlich von Hand und höchst selektiv vor sich geht, oder im Keller, wenn die sanft gekelterten und schnell geklärten Moste bei kühlen Temperaturen manchmal nervenstrapazierend langsam gären und dann auch als »fertiger« Wein lange brauchen, um alle Extreme ihrer Gestehung zu der orangegelben Fruchteleganz zu glätten, die sie so verführerisch macht. Dabei dauert dies zum Teil we-

Weingut Gunderloch
Carl-Gunderloch-Platz 1
D-55299 Nackenheim
Tel. +49 (0)61 35/23 41
Fax +49 (0)61 35/24 31
E-Mail: info@gunderloch.de
www.gunderloch.de
Öffnungszeiten:
Mo.–Do. 9–17 Uhr, Fr. 9–13 Uhr,
Sa. 11–14 Uhr und nach
Vereinbarung

Mr. und Mrs. 100 Punkte –
Agnes und Fritz Hasselbach vor
Rotliegendem, der Boden,
in dem ihr Erfolg wurzelt.

Restsüße
Nach abgeschlossener Gärung in
dem Wein enthaltene Traubensüße.

Prädikatswein
Laut Gesetz die höchste Kategorie des deutschen Weinrechts,
bei der eine Anreicherung mit
Zucker nicht erlaubt ist. Die einzelnen Prädikate sind: **Kabinett**
(leichter, feinfruchtiger, spritzi-
ger Wein, der meist aus grünen
Trauben bereitet wird), **Spätlese**
(wird aus vollreifen Trauben
gewonnen und kann entweder
trocken oder mit natürlicher
Traubensüße ausgebaut werden), **Auslese** (dazu werden
überreife und/oder edelfaule
Trauben gesondert gelesen oder
ausgelesen. Der Wein hat eine
natürliche Süße, aber auch exotische Aromen und oft eine animierende Säure), **Beerenauslese**
und **Trockenbeerenauslese**
(aus streng selektionierten, überreifen und edelfaulen Beeren.
Honigsüße, enorme Würze und
Tiefe sind die typischen Ge-
schmacksmerkmale).

sentlich länger, als es die standardisierten Mechanismen der
Weinbranche hinnehmen möchten.

Ohne den amerikanischen Markt wäre der Kampf vielleicht gescheitert. Zu wenig deutsche Weingaumen waren
bereit, sich unvoreingenommen zur Lust am nicht ganz trockenen bis süßen Wein zu bekennen – und dann auch noch
aus Rheinhessen … Zugegeben, die USA wollten und wollen
ausgiebig bereist werden, um sich der Gunderloch'schen
Gewächse stets aufs Neue zu erinnern, und für Fritz Hasselbach muss sicher bald eine neue Kategorie von Flugmeilen-
Verdienstklasse erfunden werden. Aber ansonsten gilt auf
der anderen Seite des Atlantiks: entweder ein Wein
schmeckt, oder er schmeckt nicht, und wenn er schmeckt,
dann möchte man ihn trinken, und zwar in möglichst großen Schlucken!

Der trockene Gutsriesling ist meist als Erster dazu bereit,
zeigt Muskeln und ist doch gezähmt und transparent in seiner dichten Fruchtigkeit. Die kommt in seinem Bruder, dem
Riesling Kabinett Jean Baptiste, mit einem fein abgestimm-
tem Touch Restsüße so unbeschwert daher, als beiße man in
eine frische Ananas. Die Entstehung des Jean Bap, wie er in
Insiderkreisen heißt, ist charakteristisch für die Gunder-
loch-Geschichte der neueren Zeit: Bis 1989 quälten sich
Fritz und Agnes Hasselbach mit der unsäglichen Bezeichnung »Nackenheimer Rothenberg Riesling Kabinett halbtrocken« herum, die in heimatlichen Gefilden mit Süße-
Phobien kollidierte und im englischsprachigen Raum
schlichtweg unaussprechlich war. Ab dem Jahrgang 1991
wurde der Prädikatswein dann kurzerhand in »Jean Baptiste« umgetauft, nach der Hauptfigur von Carl Zuckmayers
Theaterstück »Der fröhliche Weinberg«, in dem das Nackenheimer Weingutsleben auf derb-handfeste, aber doch
ausgesprochen lebenslustige Art dargestellt wird.

Auch die Riesling Auslese *** ist ein Beispiel für den realis-
tischen Umgang mit den Gegebenheiten statt unnachgiebi-
gem Verfolgen von analytischen Theorien. Ursprünglich als
trockener Wein geplant, wollte eine bestimmte Partie Riesling 1990 einfach nicht weitergären und blieb mit einer geringen Menge an natürlicher Traubensüße mitten zwischen
allen Kategorien hängen. Der Querulant schmeckte phan-
tastisch, warum ihn also quälen? Stattdessen schuf man auf
dem Weingut wiederum einen neuen Namen für einen in

sich ausgewogenen Wein, der weder süß noch trocken ist und jung ebenso Spaß macht wie nach zehn Jahren Flaschenreife, ob zum Essen oder einfach so. Den drei Kindern der Hasselbachs, Katrin, Johannes und Stefanie, verhalf der Drei-Sterne-Wein zum Schlüsselerlebnis mit ihrem Erbe: Bei einem Weindiner mit Gunderloch-Weinen in Hawaii, zu dem ihre Eltern sie mitgenommen hatten, waren sie höchst beeindruckt, den Filmstar Kevin Costner unter den Gästen zu entdecken – dann jedoch vollkommen baff, als der zu ihrem Vater kam und ihn um ein Autogramm auf einer Flasche 1993 Riesling Auslese *** bat… Heute engagieren sie sich alle drei Kinder für Wein und Weingut.

Ihre wahre Größe zeigt die Kombination Rothenberg-Gunderloch bei den edelsüßen Rieslingen: Bereits die Spätlese ist von bestechender, würzig-mineralischer Geradlinigkeit, und die Auslese trägt ihre Fülle beinahe unbemerkt, hocherhobenen Hauptes wie eine Herrscherin. Erst ab fünf Jahren Flaschenreife lässt sie sich dazu herab, profane, an rosa Grapefruit erinnernde Frucht zu zeigen. Das steigert sich bei der Auslese Goldkapsel ins Elixierartige, und gerade wenn Gaumen und Hirn meinen, nun sei wirklich keine Steigerung mehr möglich, beweisen die Hasselbachs, dass sie den Kampf, der sich ursprünglich ums reine Überleben drehte, trotz aller Erfolge intern weiterführen. Sie übernehmen nicht nur 1996 das Weingut Balbach in Nierstein und verdoppeln damit die Betriebsgröße auf 26 Hektar. Sie schieben auch mit Beerenauslesen und Trockenbeerenauslesen die Grenzen des Machbaren, Denkbaren, Schmeckbaren im Rothenberg immer weiter hinaus. Verfeinern die Sortiertechnik, um nur die perfekt geeigneten, botrytisbefallenen Beeren zu vergären, entwickeln ein immer feineres Gespür dafür, wie diese höchst komplexen und komplizierten Essenzen im Keller zu behandeln sind, und einen siebten Sinn, wie sich die Extremisten mit ihrer anfangs schier unerträglich schneidenden Säure, den staubigen Botrytisaromen, bitteren Kaffee- und Hefetönen auf der Flasche machen werden. Aus den hässlichen grauen Entlein werden mit großer Geduld und Zuversicht stolze Schwäne, die mit ihrer atemberaubenden Brillanz und Tiefe nicht nur in den USA für große Begeisterung und die verdiente Anerkennung sorgen: Die einflussreiche amerikanische Weinzeitschrift »The Wine Spectator« hat das Wein-

Edelsüße
Gebräuchliche Bezeichnung für Süßweine, die aus edelfaulen Beeren oder gefrorenen Trauben (Eiswein) erzeugt werden.

Botrytis
Botrytis cinerea ist ein Schlauchpilz, der die Rebe bei entsprechender Witterung befallen kann und in zwei Formen auftritt: 1. Die unerwünschte Graufäule befällt die grünen Teile der Rebe und lässt sie abfaulen. 2. Die zumeist erwünschte Edelfäule befällt die im fortgeschrittenen Reifestadium befindlichen Traubenschalen und macht sie porös, sodass es durch die nun einsetzende Verdunstung des Fruchtwassers der immer weiter einschrumpfenden Beeren zu einer Konzentration der Geschmacks- und Inhaltsstoffe kommt. Aus solchen Beeren werden edelsüße Weine erzeugt.

Rheinhessen schmecken

SILVANER S TROCKEN
Weingut Geil I. Erben/Bechtheim

Der Silvaner wird oft als reiner Zech- und Alltagswein abgestempelt und dann von Winzerseite
auch so an- und ausgebaut, ein Teufelskreis.
Wenn man ihn jedoch ernst nimmt, dann bringt
er besonders etwas üppigere Landschaften wie in
Bechtheim bestens zum Ausdruck, ohne an
Eleganz oder Beschwingtheit einzubüßen –
nomen est omen!

RIESLING PORPHYR TROCKEN
Weingut Wagner-Stempel/Siefersheim

Am Fuße des Donnersbergs ist Rheinhessen alles
andere als nur hügelig, und die Böden sind voller
hartem, glitzerndem Porphyrgestein. Daniel
Wagner übersetzt diese Klarheit sehr präzise in
die Rieslingsprache und verbindet Süden und Ge-
birgsluft auf belebendste Weise.

RIESLING SPÄTLESE
Weingut Gunderloch/Nackenheim

Wer beim Weintrinken in Farben denkt, sieht hier
wunderbares, vielschichtiges Dunkelrot wie auf
einem Mark Rothko-Gemälde, zu dem sich dann
das satte warme Gelb hochreifer Pfirsiche gesellt.
Insgesamt wirkt dies jedoch alles andere als
schwer oder vordergründig süß, sondern transparent und rechtfertigt jedweden Aufwand, den
die Hasselbachs am Roten Hang betreiben.

SCHEUREBE TROCKEN
Weingut Göhring/Nieder-Flörsheim

»Schmeckt nicht, gibt's nicht«, ist man versucht
zu zitieren, so viel herbe und doch saftige rosa
Grapefruit gelingt es Arno Göhring in seine trockene Scheurebe zu packen! Wer da noch
Vorurteile hegt – selber schuld.

SPÄTBURGUNDER TROCKEN
Weingut Georg Gustav Huff/Schwabsburg

Guter Spätburgunder lebt von einer Kombination aus Duft, Fülle und Säure und kann dann
berauschend, anregend und sanft zugleich sein.
Mit viel Einfühlungsvermögen bewegen sich die
Huffs dank der besonderen Konstellation ihrer
Schwabsburger Lagen zielstrebig in diese Richtung.

gut Gunderloch mit der Riesling TBA aus dem Rothenberg als einziges Weingut weltweit bereits dreimal mit der Maximalbewertung von 100 Punkten bedacht. Damit hat der anfangs nahezu aussichtslos scheinende Kampf die Hasselbachs, »Mr. und Mrs. 100 Punkte«, vom roten Berg auf den Wein-Olymp einiger weniger internationaler Ikonen der Weinwelt geführt.

D r. Alexander Michalsky, der das Niersteiner WEINGUT ST. ANTONY seit 1976 bis in die neueste Zeit geführt hat, ist alles andere als ein internationaler Star, eher ein stiller, dafür umso beharrlicherer Kämpfer, dessen Weine außerhalb Deutschlands kaum bekannt sind. Auf dem Weingut, das bis vor kurzem zur MAN-Gruppe gehört hat und nach der ersten Eisenhütte im Ruhrgebiet benannt ist – kaum eine weininspirierende Assoziation! –, gibt es weder alte Gemäuer noch historische Fässer zu bestaunen, aber auch keine übertriebene moderne Technik. Alexander Michalsky ging es stets darum, statt vordergründiger Fruchtigkeit den Charakter der Weine herauszuarbeiten, Weinbergslage und Witterungsverlauf des jeweiligen Jahrgangs. Seine ausdrucksvollen trockenen Rieslinge stellten nach dem Süße-Ideal früherer Generationen und den Säuerlingen der 1980er-Jahre eine kleine Revolution dar, die so mancher Kritiker in Deutschland noch nicht richtig begriffen hat. Hier hat sich seit 2005 mit der Übernahme des Betriebs durch den erfolgreichen Unternehmer Detlev Meyer viel geändert. Der Betrieb ist in einen riesigen alten Keller ins Zentrum von Nierstein umgezogen. Felix Peters hat Alexander Michalsky (der heute die »Gunderhochs« tatkräftig unterstützt) als Betriebsleiter ersetzt, und die Weine zeigen eine neue Stilistik. Die St.-Antony-Weine bis zum Jahrgang 2005 sind am treffendsten mit den Worten »diskrete Eleganz« beschrieben. Trotz ihrer vielschichtigen Aromen nach saftigen gelben Früchten – von Pfirsich über Mango bis Maracuja – mit einem gewissen roten Touch, waren sie keine Tutti-frutti-Weine der aufdringlichen modernen Art. Ab dem Jahrgang 2006 erzeugt Peters deutlich extrovertiertere Weine, die in ihrer Jugend neben überschwänglichen Fruchtaromen auch einen ausgeprägten Hefeton aufweisen. Trotzdem zeigt Peters' Rotschiefer – zu Zeiten Michalskys hieß der Wein Vom Rotliegenden –

Weingut St. Antony
Wilhelmstraße 4
D-55283 Nierstein
Tel. +49 (0)61 33/50 91 10
Fax +49 (0)61 33/50 91 12 99
E-Mail: wein@st-antony.de
www.st-antony.de
Öffnungszeiten: Mo.–Fr. 8–18 Uhr,
Sa. 10–15 Uhr

Säure
Wichtige Komponente im Wein bezüglich Geschmack und Qualität, aber auch Stabilität und Haltbarkeit, Weinsäure, Apfelsäure, Milchsäure.

Lage
Laut Weinrecht bestimmte Rebfläche (Einzellage) oder die Zusammenfassung solcher Flächen (Großlage) einer oder mehrerer Gemeinden eines Anbaugebiets, aus deren Lesegut gleichwertige Weine gleichartiger Geschmacksrichtungen hergestellt werden.

die typisch zarte Geschmeidigkeit und feine Säure der Weine aus dem Roten Hang zwischen Nierstein und Nackenheim. Diese Lagen bringen auffällig unterschiedliche Weine hervor, die aber auch eine deutliche Familienähnlichkeit besitzen. Es können wahrhaft große Gewächse sein, die viel Zeit im Keller brauchen, um ihre ganze Feinheit und Tiefe zu zeigen. Genauso wie es sich lohnt, die Besonderheiten der verschiedenen Grand-Cru-Lagen von Gevrey-Chambertim im Burgund (der Partnergemeinde von Nierstein) zu studieren, um ihre Weine besser zu verstehen, ist es durchaus sinnvoll, sich mit den Ersten Lagen von Nierstein auseinanderzusetzen.

Der Pettenthal grenzt direkt südlich an den Rothenberg und verläuft noch ausgeprägter in Nord-Süd-Richtung, dreht sich dann aber in einem kleinen Tälchen in seiner Ausrichtung direkt nach Süden. Als Wein tritt er von allen Niersteiner Lagen am selbstbewusstesten auf, nimmt in seiner robusten Opulenz kein Blatt vor den Mund, sondern verführt unverhohlen – ähnlich dem Rothenberg – mit supersaftiger rosa Grapefruit. In seinen Weinen lässt sich vielleicht am ehesten gelegentlich eine Verwandtschaft mit den Weinen der Wachau ausmachen, die ähnlich steil über der Donau wachsen; dennoch wirkt der Alkohol in einem Pettenthal selten übermächtig.

Der Hipping zieht sich von dem Tälchen am südlichen Ausläufer des Pettenthals beinahe bis zum Ortseingang von Nierstein – das letzte flache Stück am Rhein, der Kranzberg, ist nicht vom Rotliegenden bestimmt, sondern besteht aus einer Kalkscholle und bringt deshalb ganz andere Weine hervor. Die Hipping-Weine sind von ihrem Wesen her am schwierigsten zu erfassen und entziehen sich förmlich der Sortierung in klare Kategorien. Sie geben sich weniger muskulös denn exotisch, wirken eher floral als fruchtbetont und erinnern besonders oft an Hibiskus. Häufig verleiht ihnen etwas Restsüße mehr Lebendigkeit und bringt in den gelungensten Fällen ihre weiße Seidigkeit besser zur Geltung.

Am Hang entlang, der hier statt wie zuvor nach Süden nach Südwesten abdreht, liegt dann oberhalb Niersteins, gewissermaßen als dessen Hausberg und aus dem Ort förmlich herauswachsend, der Oelberg. Wer je einen Oelberg-Wein aus einem ausgeglichenen, guten Jahr wie etwa 2007 erlebt hat, versteht, warum die Niersteiner von alters her einen ganz besonderen Ruf genießen – es sind vollendete Klassiker, Inbegriff von Ausgewogenheit und Eleganz. Der charakteristische Riesling-Pfirsich präsentiert sich in der Jugend zuerst etwas rauchig, dann aber ausgesprochen fein, elegant und schmelzig – der Rote Hang braucht Zeit auf der

Flasche, um seine Größe zu zeigen, sagt Alexander Michalsky. Trotz aller Kraft und Konzentration wirkt der Oelberg-Riesling nie aufdringlich oder laut, sondern leuchtet ruhig in tiefstem Orange, und auch die mineralische Würze des Rotliegenden drängt sich nicht auf, sondern liefert eher eine zurückhaltende, aber wesentliche Bassstimme. In Jahren mit extrem hoher Reife wie 2003 kommt dazu ein Aroma, das an Bienenhonigwachs erinnert. Die Restsüße hingegen ist ein Faktor, der bei den Oelberg-Weinen geschmacklich vollkommen in den Hintergrund tritt.

Einer der zahlreichen rheinhessischen Weinhügel: die Spitzenlage Morstein in Westhofen.

Mit dem etwas lehmigeren Heiligenbaum, der vom Oelberg in den Orbel überleitet, gewinnen die Weine einen deutlich anderen Charakter. Der Einfluss des Rheins nimmt

Weingut Heyl zu Herrnsheim
Wilhelmstraße 4
D-55283 Nierstein
Tel. +49 (0)61 33/5 70 80
Fax +49 (0)61 33/57 08 80
E-Mail: info@heyl-zu-hermsheim.de
www.heyl-zu-hermsheim.de
Öffnungszeiten:
Mo.–Fr. 8–18 Uhr, Sa. 10–15 Uhr

Ökologischer Weinbau
Innerhalb der EU-Richtlinien
für den Ökologischen Landbau
geregelter Weinbau, der auf die
Gesundheit von Natur und Verbraucher ausgerichtet ist. Die
Standards des Ökologischen
Weinbaus sind am schärfsten in
privatrechtlichen Anbauverbän-
den wie Ecovin, Bioland, Natur-
land oder Demeter formuliert.

ab ,und die Unterschiede zwischen den Tag- und Nachttem-
peraturen werden ausgeprägter. Das führt zu einer rassige-
ren Säure, die sich gern als grünweiße Zitrusaromen spürbar
macht, in den besten Orbel-Weinen jedoch so frappant an
frische Ananas erinnert, dass einem der Saft förmlich das
Kinn hinunterläuft. Doch wie gelänge es, Ananas zu derart
seidigweicher Konsistenz zu pürieren? Und sie dann so dis-
kret mit einer roten Ahnung von Johannisbeere und Malve
abzuschmecken?

All dies gilt auch für den Brudersberg, ein sehr geschütz-
tes kleines Filetstück im Südausläufer des Pettenthals. In
den besten Jahren vereinen die Weine hier die Vorzüge von
Pettenthal und Oelberg, nämlich saftige Opulenz und hoch-
elegante Ausgeglichenheit. Die 1,3 Hektar kleine Lage be-
findet sich im Alleinbesitz des Niersteiner WEINGUTS HEYL
ZU HERRNSHEIM, einem ursprünglich beeindruckenden
großbürgerlichen Anwesen, dessen Geschichte bis auf eine
Klosteranlage im 16. Jahrhundert zurückreicht und das
durch unterschiedliche Besitzverhältnisse eng mit Nierstein
und Rheinhessen verbunden ist. Peter von Weymarn erzeug-
te hier seit den 1960er-Jahren unter dem charakteristischen
Jugendstil-Etikett mit dem blauen, schlüsselbewehrten
Mönch mit die besten trockenen Weißweine Deutschlands
und war ab den 1970er-Jahren ein Vorreiter des ökologischen Anbaus. Die trockenen Rieslinge aus dem 1981/83
neu angepflanzten Brudersberg sowie dem Heylschen Besitz
im Oelberg, dessen alte Reben der Flurbereinigung entgin-
gen, in den historischen Gewölbekellern in alten großen Ei-
chenfässern ausgebaut, waren legendäre, extrem haltbare
Weine, die die ganze Größe des Rheinweins zum Ausdruck
brachten. Daneben zeigte von Weymarn mit Silvaner und
Weißburgunder, was am Rhein ohne einen Hauch des damals allgemein angesagten Vanilletouchs neuer Barriquefäs-
ser möglich war. Doch die allgemeinen Probleme der Weinbranche und Rheinhessens im Besonderen machten es immer schwieriger, einen 33 Hektar großen, teils steile
Weinberge umfassenden Gutshof wirtschaftlich erfolgreich
zu führen, und 1994 kam es schließlich zum Verkauf. Seitdem haben die Weine nur gelegentlich an die einstige Größe
anknüpfen können, was vor allem an unzureichender Sorgfalt im Weinberg zu liegen schien, doch der neue St.-Anto-
ny-Chef Detlef Meyer hat 2006 auch hier die Führung über-

nommen und ist fest entschlossen, den Betrieb wieder an die Spitze zu führen. Ganz anders als beim Weingut St. Antony hat die Meyer'sche Übernahme bei Heyl zu Herrnsheim nicht zu grundlegenden Stiländerungen geführt. Die von Weymarn'sche Weinästhetik wird bei trockenem Riesling, Silvaner und Weißburgunder mit einer gewissen Konsequenz fortgeführt.

B ei dem eher unauffälligen WEINGUT GEORG GUSTAV HUFF in Schwabsburg ist die Zukunft hingegen klar: gleich zwei der drei Söhne sind hier bereits aktiv ins tägliche Geschehen des beschaulichen Anwesens eingestiegen. Die jungen Leute seien richtige Weinfanatiker, sagt ihr Vater Dieter Huff, dessen eigener Vater sich lange und beharrlich gegen trockene Weine gesperrt hat. Dass trotzdem alles wirtschaftlich aufgeht, dafür sorgt die elterliche Besonnenheit. Die besten der 17 Hektar sind in den letzten Jahren ganz gezielt um Anteile im Hipping und Pettenthal im Roten Hang erweitert worden, und die mit drei Sternen gekennzeichneten trockenen Spitzenabfüllungen sind mehr als viel versprechend. Am spannendsten ist hier jedoch der Riesling aus der Lage Schloss Schwabsburg, einer Lage, die komplett vom Rotliegenden geprägt ist und früher als Niersteiner Schlossberg bekannt war, heute aber meist übersehen und unterschätzt wird, weil sie nicht direkt am Rhein liegt. Dabei ist der im Schatten des Rabenturms, dem Ruinenrest der Stauferburg Schloss Schwabsburg, gelegene Talkessel kaum weniger spektakulär, und die Rebzeilen sind kaum weniger steil als etwa im Pettenthal direkt am Rhein. Vom Charakter bilden die Schloss-Schwabsburg-Weine den Übergang vom Rhein ins Landesinnere. Hier wirkt sich die Trockenheit noch deutlicher aus, was zu äußerst geringen Erträgen führt (2005 25 hl/ha), die Weine schmecken muskulöser und sind von nahezu mediterran anmutenden roten Fruchtaromen geprägt. Die etwas frischeren Nächte sorgen durch feine Säure im Zusammenhang mit der mineralischen Struktur des Rotliegenden dafür, dass keinerlei Eindruck von Schwere aufkommt und die Weine mit der Flaschenreife zweifellos zu ähnlich zeitloser Harmonie wachsen werden wie ihre bekannteren Brüder vorne am Rhein.

Weingut Georg Gustav Huff
Woogstraße 1
D-55283 Nierstein-Schwabsburg
Tel. +49 (0)61 33/5 05 14
Fax +49 (0)61 33/6 13 95
E-Mail: info@weingut-huff.com
www.weingut-huff.com
Öffnungszeiten:
Sa. 9–17 Uhr, So. Vormittag und
nach Vereinbarung

Flaschenreifung
Verfeinerung eines Weins auf der Flasche.

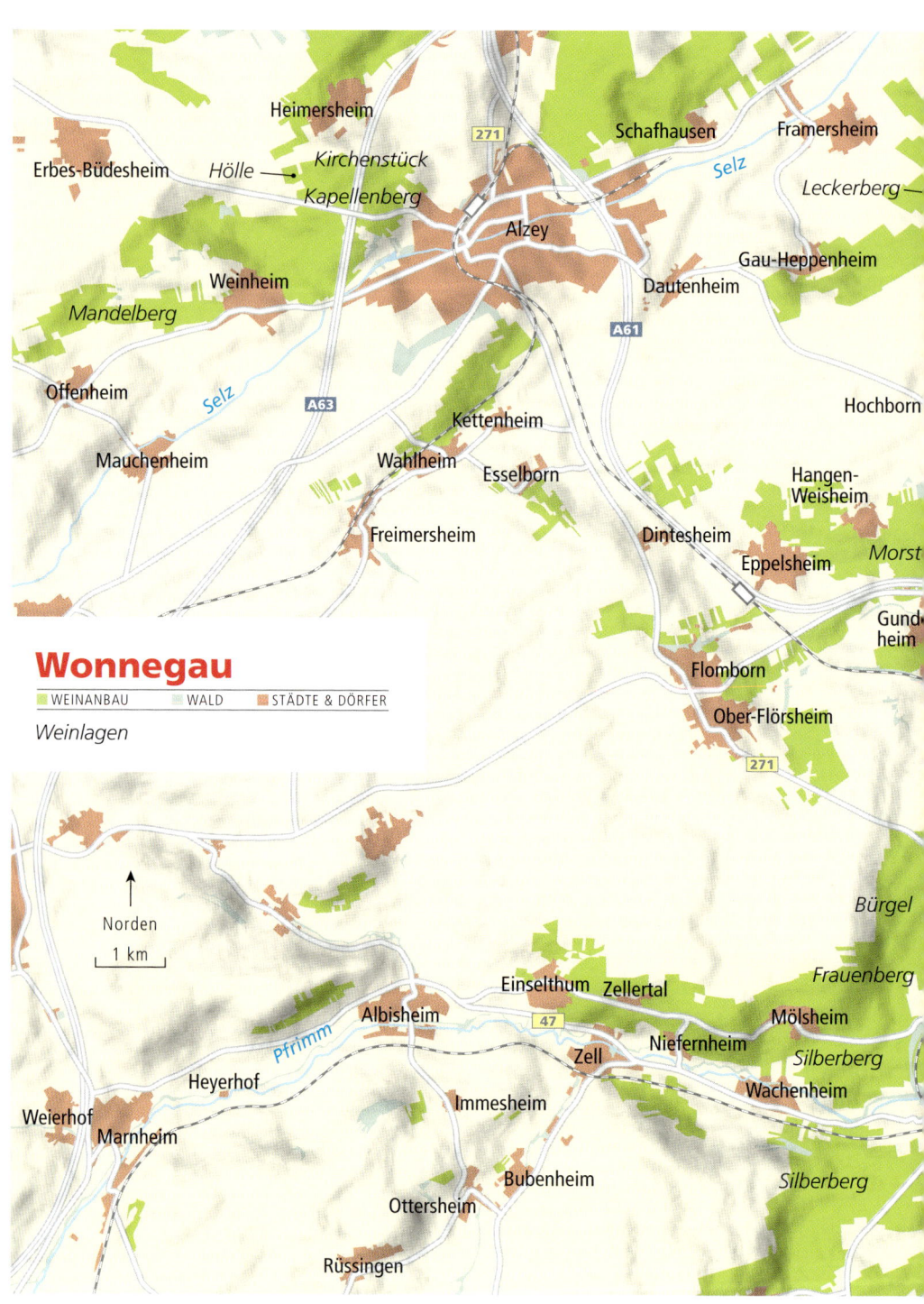

Heimersheim

271

Schafhausen   Framersheim

Erbes-Büdesheim   Hölle ⟶   *Kirchenstück*   Selz

Kapellenberg   Leckerberg

Alzey

Gau-Heppenheim

Weinheim   Dautenheim

Mandelberg   A61

Offenheim   Selz   A63   Hochborn

Mauchenheim   Kettenheim

Wahlheim   Hangen-
Weisheim

Esselborn

Freimersheim   Dintesheim   *Morst*

Eppelsheim

Gund
heim

Flomborn

Ober-Flörsheim

271

Wonnegau

◼ WEINANBAU   ◻ WALD   ◼ STÄDTE & DÖRFER

Weinlagen

↑
Norden
⊢ 1 km ⊣

Bürgel

Einselthum   Zellertal   *Frauenberg*

Albisheim   Mölsheim

Pfrimm   Niefernheim   *Silberberg*

Zell

Heyerhof   Wachenheim

Immesheim

Weierhof
Marnheim

Bubenheim   *Silberberg*

Ottersheim

Rüssingen

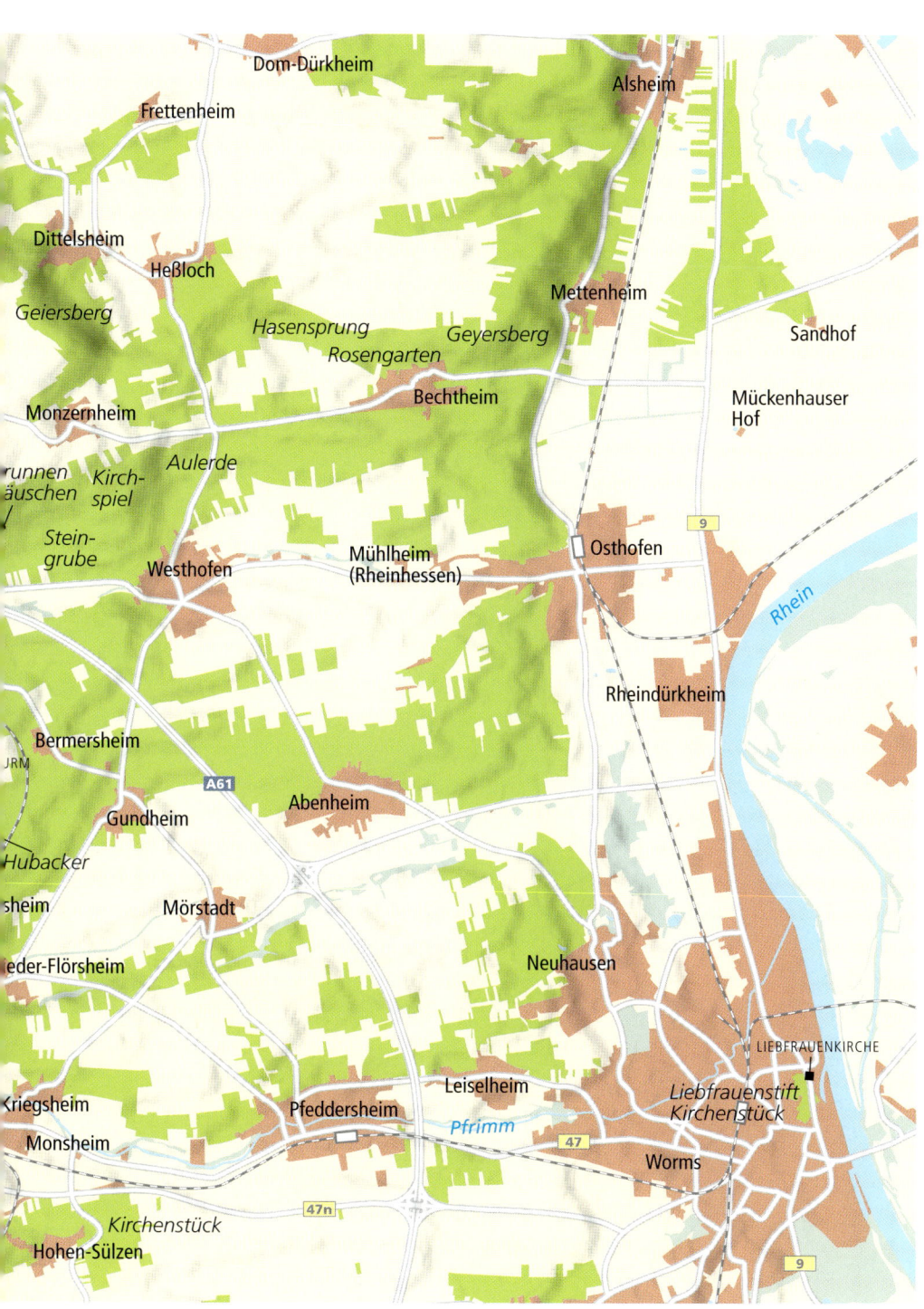

Dornfelder
Deutsche rote Rebsortenzüchtung aus den 1950er-Jahren. Eine Modesorte, die ihre Zeit bereits überschritten hat.

Weingut Keller
Bahnhofstraße 1
D-67592 Flörsheim-Dalsheim
Tel. +49 (0)62 43/4 56
Fax +49 (0)62 43/66 86
E-Mail: info@keller-wein.de
www.keller-wein.de
Hofverkauf Öffnungszeiten:
Mo.–Fr. 8–12 und 13–18 Uhr,
Sa. 8–12 und 13–16 Uhr

Neben dem Riesling gilt das Engagement der Huffs dem Rotwein. In den besten Lagen haben sie in den letzten Jahren verschiedene Qualitätsklone von Spätburgunder gepflanzt, die erste, sehr viel versprechende Ergebnisse zeigen. Und selbst beim viel und zu Recht verschrienen Massenträger Dornfelder beweisen sie Geschick und bringen auch hier das besondere Potenzial der einzigartigen Kombination von Boden, Klima und Geographie des Roten Hangs und der ihn umgebenden Lagen zum Ausdruck.

Bis zum Auftreten der Message-Gruppe also alles prima am Rhein und Untergangsstimmung im restlichen Rheinhessen – doch nein, dieser Landstrich hat über die Zeit bewiesen, dass er Irrungen und Wirrungen zu überstehen vermag. Erste Ansätze zur Besserung wurden 1984 mit dem Qualitätskonzept RS-Silvaner unternommen, dessen Ergebnisse allerdings eher zuverlässig als aufregend sind. In den 1980er-Jahren machte jedoch hartnäckig und immer häufiger ein Betrieb im »Wonnegau« von sich reden, dem für Nicht-Rheinhessen so verklärt-wonnig klingenden südöstlichen Teil des Gebiets, der eigentlich das Hinterland von Worms bezeichnet und im örtlichen Dialekt für Wormser Gau steht: das WEINGUT KELLER in Flörsheim-Dalsheim. Klaus Keller und seine von der Saar stammende Frau Hedwig hatten dieselben Probleme zu überwinden wie die Rheinfrontler – und noch andere dazu! Wenn auch ein paar Weinkritiker bald laut jubelten ob dieser unerwarteten Entdeckung – für die meisten Weintrinker war Rheinhessen mittlerweile zu einem grauen Fleck verschwommen. An welchem der scheinbar endlos aneinandergereihten Hügel, neben welchem Rübenacker lag Flörsheim-Dalsheim?

Doch nicht nur die Weintrinker, auch die Kellers mussten den Charakter ihrer Weinberge erst langsam erforschen: Es gab keine großen Weine aus der Vergangenheit oder Nachbarn, an denen sie sich hätten orientieren können, welches Rebmaterial, welche Anbaumethoden, Weinstile das Wesen ihrer Spitzenlage, des Dalsheimer Hubacker, am besten zum Ausdruck bringen würden und worin dieses überhaupt bestand. Sie setzten hier von vornherein ausschließlich auf den Riesling und pflanzten in den vier Hektar, die heute als Großes Gewächs klassifiziert sind, von 1972 bis 1985 Saar-Klone statt der üblichen Geisenheimer. Sie suchten nach Vorbil-

dern, blickten eine Weile in Richtung Wachau, doch der relativ tiefgründige, von gelbem Kalkstein geprägte Hubacker
liegt weder an der Donau noch direkt am Rhein. Sie reduzier-
ten die Erträge, ernteten spät und experimentierten mit Ganztraubenpressung, um ein Optimum an Frucht in den Wein
und so seine Seele zum Vorschein zu bringen.

Sohn Klauspeter hat nach dem Studium in Geisenheim in
Südafrika und im Burgund gearbeitet, bevor er mit dem
Jahrgang 2001 zu Hause die Führung übernahm. Er setzt
heute generell auf eine späte Lese, gesteht den entrappten
Trauben eine Maischestandzeit von bis zu 30 Stunden zu,
um Inhaltsstoffe aus den Schalen zu lösen, presst dann ausgesprochen lange über acht bis neun Stunden, lässt kurz se-
dimentieren und gibt den Most mit etwas Trub in die Gär-
tanks, wo sie eine Woche Zeit haben, um spontan mit der
Gärung zu beginnen, ansonsten werden sie aus einem bereits gärenden Gebinde geimpft. Idealerweise sollten sie um
die sechs Wochen gären, um dann lange auf der Hefe liegen
zu bleiben. 1999 haben sich die acht Hektar der Kellers in
Dalsheim über Klauspeters Frau Julia um acht Hektar in

*Weinkultur zum Mittagessen
»bei's Kellers«.*

Maischestandzeit
Zeitspanne, während der der
noch unvergorene oder gärende
Rot- oder Weißweinmost oder
Jungwein auf der Maische liegt.

Westhofen erweitert, sodass sich zum Hubacker auch beachtliche Parzellen in Morstein und Kirchspiel gesellten.

Es mag an dem Vergleich im eigenen Keller liegen oder der beharrlichen Suche, doch allmählich hat der Hubacker seine Seele offenbart, seine klare, beinahe stürmisch direkte Art, die von hellen Früchten wie weißem Pfirsich, Glaskirschen und einem Anklang von Passionsfrucht gekennzeichnet ist, in ihrer Kraft aber zu eleganter Zurückhaltung straff gezügelt ist. Er braucht viel Zeit auf der Flasche und im Glas – doch außer für die einfachen, äußerst gut gemachten Gutsweine gilt dies hier seit einigen Jahren grundsätzlich, unter anderem auch für den fordernden, mineralischen, trockenen Silvaner S aus 55 Jahre alten Reben aus dem Morstein. Bei dem komplexen, vor Spannung tänzelnden Riesling Kirchspiel und dem in seiner Jugend vor tiefwürziger Mineralität beinahe abweisend wirkenden, muskulösen Riesling Morstein tritt die Primeurfrucht vollständig in den Hintergrund; auf die Spitze treibt Keller das beim G-Max, dem teuersten trockenen deutschen Riesling, für den der Begriff »Konzentration« beim Wein vielleicht neu definiert werden muss. Er wirkt eher wie ein Burgunder und hält seine Seele so bedeckt wie einst der Hubacker. In den edelsüßen Rieslingen, Rieslanern und Scheureben sowie dem Spätburgunder aus der Lage Dalsheimer Bürgel spiegelt sich das unablässige Streben der Kellers nach Perfektion ebenso wider wie in den trockenen Weißweinen.

Dieses Qualitätsengagement und der weltoffene Austausch mit Kollegen weit über die rheinhessischen und deutschen Grenzen hinaus haben das Weingut zu einem der Ursprünge der neuen rheinhessischen Weinkultur werden lassen. Eine ganze Generation von Nachwuchswinzern ist als Lehrling »bei's Kellers« beim rituellen gemeinsamen Mittagessen und den stets dazu verkosteten Weinen geschmacklich auf neue Ideen gebracht und von der Sucht nach gutem, charaktervollem Wein infiziert worden. Beim befreundeten WEINGUT GÖHRING in Flörsheim-Dalsheim hat der junge Arno Göhring 2005 erstmals drei trockene Lagen-Rieslinge abgefüllt, von denen vor allem der aus dem Nieder-Flörsheimer Frauenberg das Steinige dieser schwer zu bearbeitenden, windoffenen Lage kompromisslos und doch elegant wiedergibt.

Gutsabfüllung/Gutsweine
Wein von Weinbaubetrieben, die ihren aus eigenen Trauben von ihnen selbst gewonnenen Wein auch selbst abfüllen.

Rieslaner
Weiße deutsche Kreuzungsrebe aus Silvaner x Riesling, Neuzüchtung.

Weingut Göhring
Alzeyer Straße 60
D-67592 Flörsheim-Dalsheim
Tel. +49 (0)62 43/4 08
Fax +49 (0)62 43/65 25
E-Mail: info@weingut-goehring.de
www.weingut-goehring.de
Öffnungszeiten:
nach Vereinbarung

Volker Raumland vom Sekthaus Raumland trägt auf ganz andere Weise dazu bei, die weinstilistische Vielfalt Flörsheim-Dalsheims zu bereichern; er hat sich im Laufe der 1990er-Jahre erfolgreich als Sektfabrikant der Spitzenklasse etabliert. Sein Spitzenprodukt, der Triumvirat, stammt aus Chardonnay-, Schwarzriesling- und Spätburgunder-Trauben aus dem Bürgel und ist ganz Champager-Eleganz. Doch auch Rieslingschäumendes gelingt ihm ausnehmend gut, und das nicht nur aus eigenen Trauben und unter eigenem Etikett, sondern für eine bedeutende Zahl von Betrieben in einer Reihe von deutschen Anbaugebieten.

Beinahe zeitgleich mit dem Erfolg der Kellers wurde ein ebenso beharrlich auf Qualität setzender Betrieb in Westhofen endlich wahrgenommen: das Weingut Wittmann hatte ebenso lange gegen das Negativimage des rheinhessischen Hügellands anzukämpfen. Wenn Philipp Wittmann heute eine beeindruckende Vertikale seines Spitzenrieslings aus dem Morstein präsentieren kann, dann baut er damit ebenso wie Klauspeter Keller auf der unermüdlichen Arbeit seiner Eltern auf. Bei seinem Einstieg in den Betrieb 1999 hat er nichts Grundsätzliches ändern müssen, sondern nur die Suche nach dem Wesen der Westhofener Lagen mit vollem Elan vorantreiben müssen. Sein Vater Günter ist ein begeisterter Gärtner – das kommt nicht nur in dem ausgedehnten mediterran-asiatischen Garten hinter dem Haus auf höchst eindrucksvolle Weise zum Ausdruck, sondern auch in der Sorgfalt, mit der er sich um die 25 Hektar Weinberge kümmert. Seit 1990 arbeitet er ökologisch und ist 2004 mit der Umstellung auf die biodynamische Bewirtschaftungsweise noch einen Schritt weitergegangen. Hinter dieser Entscheidung stecken keine ideologisch-philosophischen Ansätze, sondern der Wunsch, die Reben auf schonendste Weise zu besten Ergebnissen zu bewegen; zu Trauben, die bei den Großen-Gewächs-Rieslingen die Unterschiede zwischen den drei Spitzenlagen Morstein, Kirchspiel und Aulerde so deutlich wie möglich zum Ausdruck bringen. Aber auch die einfachen trockenen Silvaner- und Rieslingweine verleihen der durch den Regenschatten des Donnerbergs mit maximal 500 Millimeter jährlich ausgesprochen niederschlagsarmen, sonnenreichen Landschaft mit den von Tonmergel und Kalkstein geprägten Böden eine klare Stimme. Philipp Wittmann hat im Keller zu einem Grundkonzept gefunden, des-

Sekthaus Raumland
Alzeyer Straße 134
D-67592 Flörsheim-Dalsheim
Tel. +49 (0)62 43/90 80 70
Fax +49 (0)62 43/90 80 77
E-Mail: raumland@t-online.de
www.raumland.de
Öffnungszeiten:
Mo.–Fr. 8–17 Uhr,
Sa. 10–13 Uhr

Weingut Wittmann
Mainzer Straße 19
D-67593 Westhofen
Tel. +49 (0)62 44/90 50 36
Fax +49 (0)62 44/55 78
E-Mail: info@wittmannweingut.com
www.wittmannweingut.com
Öffnungszeiten:
nach Vereinbarung

Bewährte »Technologien« im Wittmannschen Keller: Holz und Kreide.

Scheurebe – der Sauvignon blanc Rheinhessens

Die Geschichte der neudeutschen Rebsorte Scheurebe – 1916 von Georg Scheu in Alzey/Rheinhessen aus Silvaner x Riesling gekreuzt – ist genauso eine Achterbahnfahrt wie die Qualität ihrer Weine. Eine gelungene »Scheu« ist ein Strauß aus Fruchtaromen, die von schwarzen Johannisbeeren bis zu gelber Grapefruit und sattem exotischem Obst reichen. Körperreich, sehr saftig und mit lebhafter, aber nicht pointierter Säure wirkt sie wie ein Riesling unter Doping! Eine misslungene Scheu ist hingegen nicht nur kantig und grasig (wie ein schlechter Riesling), sondern zeigt auch eine Duftnote, die von Fachleuten sehr treffend als »Katzenpisse« beschrieben wird. Die Sorte verlangt eine warme Lage und einen gewissen Aufwand im Weinberg, wenn die Weine regelmäßig gelingen sollen. Lange Jahre wurde ihr diese Aufmerksamkeit viel zu selten geschenkt, weil Scheu unter dem Ruf einer Neuzüchtung litt, die vor allem für billige süße Weine tauge. Der Ursprung des gegenwärtigen Aufschwungs liegt wie die Entstehung der Sorte wiederum in Rheinhessen: Vor etwa zehn Jahren begann Philipp Wittmann von der trockenen Scheurebe des Westhofener Familienguts als »unserem Sauvignon blanc« zu sprechen. Erstaunlich viele Konsumenten konnten diesen Vergleich mit einer der international modischsten Weißwein-Rebsorten auf Anhieb nachvollziehen, und aus dem einstigen Ladenhüter wurde ein Verkaufserfolg. Die trockene Scheurebe vom Weingut Wittmann ist der Inbegriff des neuen, vom Sauvignon blanc inspirierten Scheu-Typus: kräftig und förmlich strotzend vor gelben und rosa Grapefruitnoten.

Sie dient wiederum als Inspirationsquelle für eine ganze Reihe anderer neuer Weine. Dass sich diese Revolution in Rheinhessen abspielt (wobei aber höchst gelungene Beispiele in anderen Gebieten nicht übersehen werden sollten, etwa von Wirsching in Iphofen/ Franken, von Pfeffingen in Bad Dürkheim/Pfalz oder von Müller-Catoir in Neustadt/Pfalz), leuchtet ein, weil in diesem Gebiet über die Hälfte der 2000 Hektar Scheurebe-Fläche Deutschlands liegt. Mittlerweile gibt es eine breite Palette an Stilrichtungen: am kräftigen, herben Ende der Geschmacks-Skala liegt die Scheurebe S vom Weingut Göhring in Flörsheim-Dalsheim mit feinem Johannisbeerton und nachhaltiger mineralischer Note. Genau dieser mineralische Charakter soll die Sauvignons blancs von der Heimat der Sorte in Sancerre und Pouilly an der Loire auszeichnen, aber solch eine Frucht fehlt den Weinen dort meistens. Ganz anders kann die Quinterra Scheu trocken vom Weingut Kühling-Gillot in Bodenheim ausfallen: extrem saftig und schwungvoll, mit einer herrlichen minzigen Frische neben der ganzen Bandbreite der klassischen Scheu-Fruchtnoten. Dass Scheu auch überzeugende Schaumweine ergeben kann, beweist schließlich das Weingut Gysler in Weinheim mit seiner erstaunlich zartduftigen und eleganten Scheurebe Brut.

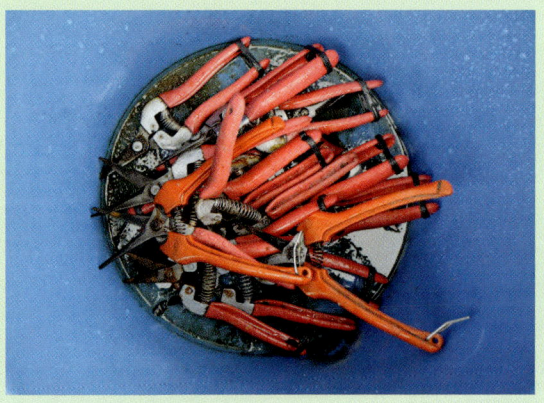

sen wichtigste Pfeiler ausgedehnte Maischestandzeiten, Spontangärung und die 3000 Liter fassenden alten Holzfässer in dem konstant kalten und feuchten Gewölbekeller sind, wo die Weine bis zur Abfüllung auf der Hefe liegen bleiben und nur vor der Abfüllung einmal filtriert werden. Er beschäftigt sich sehr mit den Auswirkungen der für ihn im Weinberg deutlich wahrzunehmenden Klimaerwärmung und sucht nach Methoden, um trotz hoher Reife übermäßig alkoholische Weine zu vermeiden.

Der Morstein liegt am westlichen Ende des Westhofener »Hausbergs«, der unmittelbar nordwestlich an den Ort angrenzend ganz nach Süden und Südosten ausgerichtet ist und majestätisch bis zu dem für Rheinhessen charakteristischen Hochplateau aus dem Urstromtal des Rheins ansteigt. Er ist durch wasserführende Kalksteinschichten unter den schweren Böden im Untergrund außer in Extremjahren wie 2003 gut mit Wasser und somit auch Nähr- und Mineralstoffen versorgt. 1282 ist die Lage erstmals erwähnt worden, und auch der älteste Wein in der Wittmannschen Schatzkammer, ein 1921er Riesling, ist hier gewachsen. Wittmann hat 1998 für seinen ersten Morstein-Riesling verantwortlich gezeichnet und bereits mit dem 2000er die Jury des alljährlich zusammen mit der Zeitschrift »Der Feinschmecker« im »Waldhotel Krautkrämer« in Münster veranstalteten Rieslingpreises überzeugt. Seitdem kommt in jedem Jahrgang das Monumentale, beinahe Unerbittliche dieser Lage deutlich zum Ausdruck, das – vielleicht mit Ausnahme von 2003 – stets von einer nahezu kühl wirkenden Aromatik begleitet wird, die dem Wein Lebendigkeit verleiht.

Ganz anders präsentieren sich hingegen die Weine aus der Lage Aulerde, die östlich vom Kirchspiel liegt und sich weiter ins Tal hineinzieht. Ihr größter Verfechter ist das WEINGUT K. F. GROEBE, das unmittelbar gegenüber dem der Wittmanns liegt. Friedrich Groebe hat sich beharrlich dafür eingesetzt, den besten Teil des recht heterogenen Weinbergs als Großes Gewächs zu klassifizieren. Der im Herzstück der Aulerde deutlich rötlich gefärbte Boden und die geschützte Lage kommen in seinen Weinen in Form üppiger bis barocker reifer gelber Frucht zum Ausdruck, oftmals mit einem roten Touch, der an die Weine vom Roten Hang erinnert. Groebe arbeitet in seinem historischen Keller unter

Weingut K. F. Groebe
Bahnhofstraße 68–70
D-64584 Biebesheim
Tel. +49 (0)62 58/67 21
Fax +49 (0)62 58/8 16 02
E-Mail:
weingut.k.f.groebe@t-online.de
www.weingut-k-f-groebe.de
Öffnungszeiten:
nach Vereinbarung

Rebenmeer statt Haifisch und Seekuh.

Kleinklima
Klima eines kleinen geographischen Raums, etwa einer Lage oder gar Parzelle.

Weingut Dreissigacker
Untere Klinggasse 4–6
D-67595 Bechtheim
Tel. +49 (0)62 42/24 25
Fax +49 (0)62 42/63 81
E-Mail: info@dreissigacker-wein.de
www.dreissigacker-wein.de
Öffnungszeiten:
Mo.–Fr. 8–18 Uhr, Sa. 9–16 Uhr
und nach Vereinbarung

der alten Westhofener Stadtmauer ausschließlich mit alten Holzfässern, maximal in Doppelstückgröße, und seine trockenen Weine sind stark vom langen Hefekontakt geprägt. Er bezeichnet sich als Weinhandwerker und schwimmt im Kontext der rheinhessischen Jungwinzerdynamik beinahe ein wenig gegen den Strom – seine wahre Liebe gilt, seitdem er das sieben Hektar umfassende Weingut 1988 von seinem Vater übernommen hat, den rest- und edelsüßen Rieslingen, die er vor allem im Kirchspiel erzeugt. Mit den letzten Jahrgängen ist die Vielfalt der Spitzenweine in dieser Ecke Rheinhessens noch größer geworden. Die lange in Vergessenheit geratene Lage Westhofener Brunnenhäuschen wurde zuerst vom Weingut Keller mit einem trockenen Riesling des Jahrgangs 2006, dann vom Weingut Wittmann mit einem 2007er trockenen Riesling wieder ins Rampenlicht gehoben. Die Lage liegt oberhalb des Morsteins, ist deutlich kühler und hat einen leichteren, zum Teil steinigen Boden. Aus diesen Gründen wirken die Weine etwas schlanker und weniger wuchtig als die Brummer aus dem Morstein, aber es ist noch nicht ganz klar, ob diese Lage die Einstufung Erste Lage von Seiten der Vereinigung Deutscher Prädikatsweingüter (VDP) tatsächlich verdient.

An Westhofen grenzt im Nordosten Bechtheim an, dessen Weinberge kesselförmig rund um den kleinen Ort liegen. Durch dieses Kleinklima reifen die Trauben hier stets früher als im Nachbarort, wirken die Weine zugänglicher und gefälliger. Bereits 1780 hatten die Leininger Fürsten diese Weinberge als eigenes Terroir klassifiziert, auf dem ausschließlich Riesling und Gewürztraminer angebaut werden durften. Beim WEINGUT DREISSIGACKER werden heute zwar daneben auch alle Burgunder- und auch andere Rotweinsorten angebaut, aber dennoch knüpft Message-Mitglied Jochen Dreissigacker zusammen mit seinem Bruder Christian und seinen Eltern an die Vergangenheit an. Bereits ihr Vater hat Anfang der 1990er-Jahre einen klaren Schnitt gewagt und den zuvor gemischten Betrieb ganz auf den Weinbau umgestellt. Seit 2001 arbeiten die Brüder nun daran, die Bechtheimer Lagen, vor allem mit den trockenen Rieslingen aus Geyersberg und Hasensprung, immer differenzierter in Weinform zu bringen.

Ganz ähnlich verhält es sich beim WEINGUT GEIL I. ER-

BEN gleich um die Ecke. Johannes Geil-Bierschenk, ebenfalls Message-Mitglied und gleichermaßen von seinen Eltern unterstützt, brilliert besonders und mit großer Regelmäßigkeit mit seinem Silvaner Spätlese trocken S aus dem Geyersberg, der zu den wenigen herausragenden rheinhessischen Weinen dieser Rebsorte gehört. Die Lage kommt darin erstaunlich klar strukturiert und mit grüner Frische zum Ausdruck. Am anderen Ende der geschmacklichen Palette liegen die supersaftigen edelsüßen Huxelrebe-Weine, deren Ursprung als Sorte nur wenige Kilometer entfernt in der Westhofener Lage Aulerde liegt, wo ihr Züchter, der Westhofener Fritz Huxel in den 1950ern die erste Parzelle damit anlegte.

Ebenfalls nur wenige Kilometer entfernt, aber doch scheinbar in einer anderen Welt liegt im Nordosten von Bechtheim das bis vor kurzem gänzlich unbekannte Dittelsheim-Heßloch. Als Message-Mitglied Stefan Winter vom WEINGUT WINTER bei der Mai-Weinparty 2004 erstmals seinen trockenen Spitzen-Riesling präsentierte und der auch noch die Lagenbezeichnung Leckerberg trug, hielten dies alle Nicht-Eingeweihten für einen Witz – bis sie den Wein probierten und sämtliche Flaschen davon leerten, die in dieser Nacht aufzutreiben waren. Auf den ersten Blick bestätigt die Lage Leckerberg alle Vorurteile, die im Allgemeinen unter Hügelland zusammengefasst werden: alles andere als steil, sondern weitläufig und noch dazu auf der flachen Kuppe mit einer Reihe von gänzlich unromantischen Windrädern bestückt. Doch erstens wachsen die Reben hier auf beinahe 300 Meter Höhe, reifen also langsamer und später, zweitens kommen die Trauben aus einer Parzelle, die Stefans Großvater vor 45 Jahren aus einer eigenen Rebselektion gepflanzt hat, und drittens scheint der junge Winzer, der mit dem Jahrgang 2000 die Führung in dem in einer schmucklosen Halle untergebrachten Keller des Familienweinguts übernommen hat, während seiner Lehrzeit beim Weingut Keller ganz besonders viel mitgenommen zu haben: Der Leckerberg-Riesling verbindet sehr überzeugend reife Frucht mit feiner mineralischer Würze. Neben den beiden trockenen Spitzenrieslingen – außer dem Leckerberg auch der etwas üppigere Geyersberg, der verwirrenderweise nichts mit der gleichnamigen Bechtheimer Lage zu tun hat – kann Winter mit bestechend cremigem, beinahe elsässisch anmutendem Grauburgunder aufwarten,

Weingut Geil I. Erben
Kuhpfortenstraße 11
D-67595 Bechtheim
Tel. +49 (0)62 42/15 46
Fax +49 (0)62 42/69 35
E-Mail: info@weingut-geil.de
www.weingut-geil.de
Öffnungszeiten:
Mo.–Fr. 8–11.30 und 13–18 Uhr,
Sa. 8–11.30 und 13–16 Uhr,
So. nach Vereinbarung

Weingut Winter
Hauptstraße 17
D-67596 Dittelsheim-Heßloch
Tel. +49 (0)62 44/74 46
Fax +49 (0)62 44/5 70 46
E-Mail: info@weingut-winter.de
www.weingut-winter.de
Öffnungszeiten:
Mo. bis Sa. 8–18 Uhr, So. nach
Vereinbarung

der ebenso wie der rauchig-kirschige Portugieser aus einer großväterlichen Selektion stammt. Dass er daneben ziemliche Mengen einfacher Literweine erzeugen muss, um finanziell alles auf der Reihe zu halten, macht diese Weine umso erstaunlicher. Zusammen mit einer kleinen Hand voll anderer rheinhessischer Winzer hat er zudem mit seinem Zweitwein, dem Riesling vom Kalkstein, eine Bodenart in den Köpfen der Weintrinker mit dieser Rebsorte in Verbindung gebracht, die traditionell eigentlich als besonders geeignet für die Burgundersorten gilt, da der Kalk angeblich die Säure abpuffert. Das unscheinbare Dittelsheim-Heßloch ist also gleich für ein paar Entdeckungen gut: in Verbindung mit den würzigen mineralischen Noten wirkt die Säure nämlich umso kräftiger, wenn auch alles andere als spitz.

Nicht jeder Tag im Leben einer Rebe ist sonnig.

Wein- und Sektmanufaktur Battenfeld-Spanier
Bahnhofstraße 33
D-67591 Hohen-Sülzen
Tel. +49 (0)62 43/90 65 15
Fax +49 (0)62 43/90 65 29
E-Mail: kontakt@battenfeld-spanier.de
www.battenfeld-spanier.de
Der Weinverkauf erfolgt auf dem Weingut Kühling-Gillot in Bodenheim

D er äußerste Süden des sonnenreichsten, niederschlagsärmsten Weinanbaugebiets Deutschlands – da schließt man schnell auf besonders üppige, alkoholreiche Weine. Und liegt damit doch falsch, weil die Reben im so genannten Pfrimmhügelland westlich von Worms über die Täler von Pfrimm und Eisbach direkt an die große Klimaanlage der Nordpfälzer Berge angeschlossen sind. Von ihnen strömt nachts kühle Luft in Richtung Rhein und verleiht den an diesen Hängen wachsenden Weinen eine kernige Lebendigkeit und Frische. Das kommt besonders deutlich bei der WEIN- UND SEKTMANUFAKTUR BATTENFELD-SPANIER in Hohensülzen zum Ausdruck. Hans-Oliver Spanier versteht sich wie sein Großvater als Landwirt und hat sein heute 25 Hektar großes Weingut seit 1992 zielstrebig aus großelterlichem Besitz und durch die Vereinigung mit einem Nachbarbetrieb aufgebaut. Auch ihm geht es darum, den Weinbergslagen wieder eine Identität zu verschaffen, dafür wirtschaftet er nach ökologischen Gesichtspunkten, lässt 40 Jahre alte Holzfässer neu aufarbeiten und vermeidet weitgehend den Einsatz von Reinzuchthefen oder Schönungen. Nur in Ausnahmejahrgängen erzeugt er auch edelsüße Weine, ansonsten ist Battenfeld-Spanier gleichbedeutend mit trocken. Die Rieslinge und Silvaner aus dem dem Eisbach zugewandten Hohensülzener Kirchenstück, dessen Boden eher leicht und mit vielen kleinen Kalksteinen durchsetzt ist, leuchten bereits vom kleinsten Wein an und zeigen in Spitzenqualitäten eine beinahe mentholartige Frische. Der Riesling aus dem

Rosengarten, wo die Pfrimm Kies aus dem Rotliegenden des Alzeyer Hügellands angeschwemmt hat, äußert seine ausgeprägte Mineralität mit Aromen, die an Algen und Sesam erinnern können, während der Frauenberg aus Niederflörsheim auch in der Battenfeld-Spanier-Version trotz Alkoholwerten um die 13 Volumenprozent kompromisslos schlank bis beinahe asketisch wirkt und mit feinen grüngelben Zitrusnoten besticht.

Im Gegensatz zu Spaniers für rheinhessische Verhältnisse kleiner Auswahl an Weinen aus lediglich sechs Rebsorten hat das WEINGUT KARL-HERMANN MILCH im benachbarten Monsheim eine breite Palette in allen möglichen weißen und roten Variationen zu bieten. Doch die Zielstrebigkeit ist auch hier in den Gebäuden und Kellern sowie unter der im Jugendstil bemalten historischen Decke des Verkostungszimmers in der alten Rüstermühle zu spüren. Wenn manches auch noch etwas experimentell wirkt, tragen die Ergebnisse doch gerade bei Riesling und Chardonnay aus dem Silberberg erfolgreich dazu bei, die weißen Flecken auf der rheinhessischen Weinlandkarte zu füllen.

In Zellertal stößt dann die Pfalz mit ihren nördlichen Ausläufern weit ins Hügelland vor, bis die Reben an den Hängen weiträumigst um Alzey wieder rheinhessisch sind. Westlich der Stadt haben sie dabei die Füße im Rotliegenden, das hier zur gleichen Zeit wie zwischen Nierstein und Nackenheim an die Erdoberfläche gebrochen ist. Rote Hügel statt Roter Hang: am Fuß der Ausläufer des Donnersbergs lässt sich die Würze des stark eisenhaltigen verwitterten Sedimentgesteins unter ganz anderen klimatischen Bedingungen erschmecken, ohne die Strahlungswärme des Rheins. Beim WEINGUT GYSLER in Weinheim, das seit 1999 von Message-Mitglied Alexander Gysler und seiner Mutter geführt wird, macht sich das besonders im trockenen Grauburgunder aus dem bilderbuchschönen Hang der Lage Hölle am westlichen Ortsausgang bemerkbar, der in günstigen Jahrgängen wie 2005 trotz viel Substanz ausgesprochen unaufdringlich wirkt und in seiner Aromatik leise rotgolden zu leuchten scheint. Doch auch die von Löss geprägten Gysler-Weine zeichnen sich durch einfühlsam herausgearbeitete zartgliedrige Frucht aus; sie verbinden Moderne und Tradition ebenso gekonnt wie die neuen Umbauten der Weingutsgebäude.

Weingut Karl-Hermann Milch
Rüstermühle
D-67590 Monsheim
Tel. +49 (0)62 43/3 37
Fax +49 (0)62 43/67 07
E-Mail: info@weingut-milch.de
www.weingut-milch.de
Öffnungszeiten:
Mo.–Fr. nach Vereinbarung,
Sa. 9–12 und 13–17 Uhr

Weingut Gysler
Großer Spitzenberg 8
D-55232 Alzey-Weinheim
Tel. +49 (0)67 31/4 12 66
Fax +49 (0)67 31/4 40 27
E-Mail: info@Weingut-Gysler.de
www.weingut-gysler.de
Öffnungszeiten:
Mo.–Fr. 13–18 Uhr, Sa. 10–16 Uhr

Rotes Rheinhessen?

Angesichts der flächenmäßigen Anteile der Rebsorten könnte man annehmen, der Weincharakter Rheinhessens drücke sich gleichermaßen stark in Rot wie Weiß aus. Dornfelder und Müller-Thurgau teilen sich gewissermaßen die beiden Spitzenplätze bei der Rebfläche. Sieht man jedoch von diesen beiden Massenträgern ab, deren Trauben zum großen Teil in Markenweine und das teilweise aufdringlich süße Basissegment der Weinqualitätspyramide wandern, bietet sich ein anderes Bild. Dann besetzen Riesling und Silvaner zusammen beinahe dreimal so viel Fläche wie der Portugieser, während der Spätburgunder deutlich hinter dem Kerner und nur knapp vor der Scheurebe liegt. Die rote Weinstimme scheint hier zudem noch wesentlich weniger differenziert zum Ausdruck zu kommen als die weiße; erst ganz allmählich beginnen die Winzer sie zu verstehen. Neben Spätburgunder und Portugieser bietet Rheinhessen eine große Bandbreite an anderen roten Sorten, vom traditionellen Frühburgunder, der vor der Einführung des Portugiesers große Bedeutung hatte, über Schwarzriesling und St. Laurent bis hin zu Merlot und Cabernet Sauvignon sowie den Neuentwicklungen Cabernet Dorsa und Dorio. Mit dem Ausnahmejahrgang 2003 entstanden durch die extrem heiße und trockene Witterung auch eine Reihe von Ausnahme-Roten, deren Entwicklung auf der Flasche jedoch häufig eher von übermäßigem Alkohol geprägt ist als von mineralischem, eigenständigem Charakter. Doch es zeigen sich viel versprechende Ansätze. Georg Gustav Huff in Schwabsburg und Gutzler in Gundheim etwa zeigen, dass Dornfelder auch etwas gehobeneren Ansprüchen genügen kann, das Weingut Arndt F. Werner in Ingelheim verschafft nicht nur dem Frühburgunder Gehör, und Wagner-Stempel wirft mit seinem St. Laurent die Frage auf, warum diese Sorte nicht weiter verbreitet ist. Beim Spätburgunder stehen Gutzler mit dem Morstein und Keller mit dem Bürgel zweifellos an der Spitze, gefolgt vom transparenten Rosenberg des Gau-Odernheimer Start-Ups Becker-Landraf.

Weiter westlich ändert sich die Landschaft grundlegend, aus den Hügeln werden Berge, in Rheinhessen sonst seltene Wälder prägen das Bild. Die Höhen sind nicht gerade Schwindel erregend, aber mit dem Eichelberg bei Fürfeld liegt hier mit 320 Meter der höchste Punkt des Anbaugebiets. Diese südwestliche Ecke ist nicht von Wasser und Löss-Anwehungen freundlich gerundeter Kalkstein; hier ist über 200 Millionen Jahre früher während der Entstehung des Rotliegenden durch die vulkanische Tätigkeit aus Rissen und Spalten Magma hervorgetreten und über dem Rotliegenden zu schwarzem Melaphyr und violettrotem Porphyr erstarrt. Zu Zeiten von Seekuh, Haifisch und Austern hat dann das Meer an seinem westlichen Ufer Teile davon zu Sandstrand zerrieben. In der Eckelsheimer Kiesgrube stößt man unweit der einsamen Ruine der spätgotischen Bellerkirche auf die Überreste der Meeresbewohner.

Auch die Weinsprache dieser hochromantisch anmutenden Landschaft zwischen Fürfeld und Eckelsheim, der so genannten Rheinhessischen Schweiz, war auf dem besten Wege, ein Fall für die Archäologen zu werden. 1931 hieß es noch in einer Siefersheimer Chronik: »Die besten Weinlagen ... die Südhänge des Höllberges und der Heerkretz mit ihren rassigen, reintönigen und stahligen Weinen, deren Spitzen sich getrost neben die besten Erzeugnisse des Rheingaues stellen können, wie dies die Weinversteigerungen der letzten Jahre schlagend bewiesen haben.« In der Weinszene der heutigen Zeit wurde diese Ausnahmelandschaft erst 70 Jahre später wieder wahrgenommen. Als der junge Daniel Wagner nach seiner Winzerlehre beim Pfälzer Spitzenweingut Bergdolt 1992 nach Hause ins WEINGUT WAGNER-STEMPEL kam, hatte sein Vater erst wenige Jahrgänge selbst in Flaschen abgefüllt. Für den ersten ertragsreduzierten Silvaner wurde 1993 der erste Edelstahltank angeschafft, die erste trockene Höllberg Riesling Auslese kam in den Gewölbekellern unter dem alten Anwesen in ein hundert Jahre altes Halbstück. In gleichem Maße wie Daniel Wagner allmählich im Keller aufräumte, etwa alte Betontanks mühselig herausschaffte, und heute wieder große Holzfässer nach altem Vorbild neu anfertigen lässt, begann er sich auch mit den Siefersheimer Lagen vertraut zu machen.

Weingut Wagner-Stempel
Wöllsteiner Straße 10
D-55599 Siefersheim
Tel. +49 (0)67 03/96 03 30
Fax +49 (0)67 03/96 03 31
E-Mail: info@wagner-stempel.de
www.wagner-stempel.de
Öffnungszeiten:
Mo. bis Sa. 9–12 und 13–17 Uhr,
So. Ruhetag
Gästehaus

Das Goldene Horn ist ein großer Porphyrbuckel westlich des Ortes: auf seiner Kuppe weiden im Sommer in der Heidelandschaft zwischen Krüppelkiefern und Birken Schafherden. Hier haben heute die Gutsweine ihren Ursprung, während die trockenen Spitzenrieslinge aus der steilen Heerkretz am Südhang des Horns und dem im Norden gegenüber dem Horn gelegenen und kaum weniger steilen Höllberg stammen. Unmittelbar im Westen fließt der Appelbach in seinem schmalen Tal um das Horn herum, an Neu-Bamberg – das bereits zur Nahe gehört – und dem Porphyrsteinwerk vorbei. Allerdings ließen sich die meisten Weinberge hier auch als Steinwerke bezeichnen, so stark ist der im oberen Teil lehmige Boden mit Gesteinsbrocken durchsetzt, die beständig herausgesammelt werden und an manchen Stellen oberhalb der Reben zu mächtigen Haufen aufgetürmt liegen.

Der stark quarzhaltige Porphyr oder Rhyolith ist die Ursache für die stahlige Beschaffenheit der Weine: Es ist ein saures Gestein, das zu Weinen mit niedrigen pH-Werten führt. Auch bei an sich normalen Säurewerten (2005 unter 7‰) ist der geschmackliche Gesamteindruck besonders beim Riesling wesentlich schlanker, säurebetonter und in die Höhe strebend als etwa bei vergleichbaren Weinen in Westhofen. Daniel Wagner fand nicht zuletzt durch den Austausch innerhalb der Message-Gruppe bald zu seinem Stil, nach anfänglicher Ganztraubenpressung zu immer schonenderer Verarbeitung und ausgedehnten Maischestandzeiten bis zu zwei Tagen für ein volleres, cremiges Mundgefühl und besseres Alterungspotenzial – seine Weine sind transparente, dabei aber in ihrem Kern sehr feste Langläufer, die in ihrer Jugend viel Zeit und Luft im Glas brauchen. Wagners Eltern eröffneten 1995 ein Gästehaus, bauten das Kreuzgewölbe eines ehemaligen Kuhstalls zu einem Veranstaltungsraum aus und kümmern sich bis heute um 80 Hektar Landwirtschaft; insgesamt ein klassischer Mischbetrieb mit verteilten Risiken, wie es auch vor 70 Jahren als ideal galt. Die Weinszene hat die Rheinhessische Schweiz spätestens seit der Aufnahme des Weinguts Wagner-Stempel in den VDP 2004 wieder zur Kenntnis genommen – auch für den, der Siefersheim geographisch nicht situieren kann, wird spätestens beim ersten Schluck von Heerkretz oder Höllberg klar, dass er sich weinmäßig weder am Roten

pH-Wert
Maß für die Stärke der säuerlichen bzw. basischen Wirkung einer wässrigen Lösung, auch beim Wein. Ein niedriger pH-Wert deutet tendenziell einen hohen Säuregrad an, ein hoher einen niedrigen.

Links:
Weinberge und Steinwerke
am Heerkretz bei Siefersheim.

Sauberkeit ist eine kellertechnische Grundtugend.

Muschelkalk
1. Mittlerer Zeitabschnitt der Germanischen Trias; 2. Fossilienführender Kalkstein, der aus Ablagerungen während des Muschelkalks hervorgegangen ist.

Hang noch im Wonnegau oder irgendeinem Hügelland bewegt. Wagners Sauvignon blanc gehört zu den rundum gelungenen deutschen Weinen aus dieser Sorte, und selbst wenn vor 70 Jahren Rotwein hier so gut wie keine Rolle spielte, sind die ersten Versuche auf diesem Gebiet mehr als viel versprechend.

Von der wildromantischen Heidelandschaft des Horns aus kann man nicht nur in die Rheinhessische Schweiz hinein, sondern auch aus ihr hinaus ins Wiesbachtal auf den Wißberg blicken, ins normale Rheinhessen. Nach seinen beschaulichen Anfängen im Süden der Rheinhessischen Schweiz fließt der unscheinbare Wiesbach in weitem Bogen nach Armsheim und Gau-Bickelheim. Auf seiner westlichen Seite, in dem Dreieck zur Nahe hin bis nach Bad Kreuznach, sind die Grenzen zwischen den Anbaugebieten Rheinhessen und Nahe für den Uneingeweihten zweifellos etwas verworren. Der von Golfplatz und Hotel gekrönte Wißberg auf der östlichen Seite gehört zu dem Kalkplateau zwischen Selz und Wiesbach, ist aber durch die Erosion vollständig abgetrennt worden. Von St. Johann bis Horrweiler ziehen sich die Weinberge in dem breiten Tal an den Hängen entlang, bis der Wiesbach schließlich bei Gensingen in die Nahe mündet. Die wenigsten nehmen die Schönheit dieser Landschaft richtig wahr, weil sie sie auf der im breiten Wiesbachtal verlaufenden Autobahn durchqueren.

Auch der Wein scheint im nördlichen Rheinhessen eher Autobahn zu fahren, der Individualismus, den die Message-Winzer im Süden auf der Suche nach Einzellagen und ihrem Charakter an den Tag legen ist hier seltener. Doch sind erste Ansätze zu erkennen, dass sich auch hier die Spreu – die weitflächigen, tiefgründigen Lössböden, auf denen vor allem die zwei in Rheinhessen meist angebauten Sorten, die Massenträger Dornfelder und Müller-Thurgau, problemlos um 200 Hektoliter pro Hektar hervorbringen und es sich vollmechanisiert arbeiten lässt – vom Weizen trennt, nämlich den vom Muschelkalk geprägten Hängen, auf denen eigenständige Weine möglich sind.

Etwa in Appenheim, auf der Westseite des Westerbergs, von Gau-Algesheim nur wenige Kilometer im Welzbachtal landeinwärts: dort mischt sich Obstbau, vor allem Sauerkirschen, mit Reben und Landwirtschaft. Der Hundertgulden ist als Lage ebenso unbekannt wie Eselspfad und Drosselborn, doch das wird sich zweifellos bald ändern. Denn während aus den bequem zu bearbeitenden Letzteren die großen Kellereien versorgt werden, hat sich Jürgen Hofmann vom WEIN- UND SEKTGUT HOFMANN des von Kalkstein durchsetzten gegenüberliegenden Hundertgulden angenommen. Hofmann hat von 1997 bis 2006 als *Winemaker* für Reh-Kendermann die breite Basis der Weinpyramide intensiv kennengelernt und viel für die heute zuverlässige Qualität von Massenabfüllungen wie Black Tower und Villa am Fluss getan. Inzwischen hat er zusammen mit seiner Frau Carolin das Familienweingut übernommen und ist nach Kräften bemüht, die traditionelle Rebsorten- und Weinvielfalt hier zu ordnen und dem Hundertgulden noch mehr seines feinwürzigen Charakters zu entlocken. Neben den 8,5 Hektar in Appenheim und am Laurenziberg bewirtschaften die beiden auch die vier Hektar Weinberge seiner Frau im Weingut Willems-Willems in Oberemmel an der Saar. Eine ganze Reihe von jungen rheinhessischen Winzern sind mit Moselanerinnen liiert – vielleicht kommt hier ebenfalls das Vorbild der Kellers zum Tragen, über Grenzen hinweg zu blicken.

Genau dies ist auch von einem der imposantesten Weinberge Rheinhessens möglich, dem am Rochusberg gelegenen Scharlachberg in Bingen, der sich einem wehrhaft wie ein mächtiger Riegel in den Weg stellt, wenn man von Gensingen dem Lauf der Nahe nach Norden zu ihrer Mündung in den Rhein folgt. Von seiner nördlichen Seite oberhalb der Stadt Bingen bietet sich einem ein großartiger Blick auf die Rüdesheimer Lagen gegenüber am anderen Rheinufer, zu denen der ganz von weiß-rotem Quarzit geprägte, ausgesprochen kalkarme Scharlachberg geologisch eigentlich gehört. Die großbürgerlichen Villen hier ergeben zusammen mit den ausgedehnten Gebäuden der zahlreichen Großkellereien ein Bild einstiger Größe, das ein wenig an Felix Krull in dem gleichnamigen Roman von Thomas Mann erinnert. Eine erste Ahnung der lauten Lustigkeit der Drosselgasse gegenüber in Rüdesheim scheint in der Luft zu hängen. Am östlichen Ende des Scharlachbergs ist dann jedoch die St. Rochuskapelle mit ihrem Außenaltar und vor allem der kleine Friedhof der Hildegard-Schwestern neben dem Oblatenkloster ein wunderbarer Ort, um in Ruhe über den

Wein- und Sektgut Hofmann
Obergasse 20
D-55437 Appenheim
Tel. +49 (0)67 25/33 28
Fax +49 (0)67 25/12 79
E-Mail:
weingut.hofmann@t-online.de
Öffnungszeiten:
Mo. bis Sa. 10–18 Uhr,
So. nach Vereinbarung

Zusammenhang der Rhein-Weingebiete nachzudenken. Wie alle Grenzen ist auch der Scharlachberg kein abrupter Wechsel, sondern ein Übergang. Seine Weinberge am Südhang blicken nicht in den Rheingau und das Taunusgebirge, sondern in die Weite der rheinhessischen Landschaft, und in dem kleinen Ort Büdesheim an seinem südlichen Fuß ist von Hochstapelei oder Anmaßung nicht das Geringste zu spüren.

Von hier bietet sich aus dem oberen Probierzimmer des WEINGUTS RIFFEL ein in jeder Beziehung hervorragender Blick auf die Lagen des Scharlachbergs. Der imposant steile Scharlachkopf an der westlichen Flanke oberhalb der historischen Nahe-Brücke ist seit der Flurbereinigung rebfreie Ökozone, und die Trockenmauern der alten Weinbergsterrassen sind hier nur noch museale Weinkultur-Denkmäler. Die daran nach Osten und oben anschließenden Parzellen im obersten Teil des Scharlachbergs wirken mit ihrem sehr geringen Humusanteil nahezu schottrig, die Reben leiden schnell unter Trockenstress. Weiter nach unten ist der Quarzit mit etwas mehr Lehm vermengt, und die Weine sind ausgewogener; östlich davon läuft der Berg dann etwas flacher und im Boden tiefgründiger aus, und der Hang dreht deutlich nach Osten.

Der junge Erik Riffel hat 1990 bei seinem Einstieg in den elterlichen Betrieb die Bedingung gestellt, die bis dahin gemischte Landwirtschaft und Fassweinerzeugung ganz auf den Qualitätsweinbau umzustellen. In den letzten Jahren hat er wiederum seine Entschlossenheit mit einem kompletten Neubau des Weinguts bewiesen, das mit seinem Türmchen architektonisch unverkennbar von einem Stipendiumsaufenthalt in Bordeaux während seiner Ausbildung beeinflusst ist. Doch ein Turm schafft auch Weitblick, und der war neben sorgfältigstem Handwerk in Weinberg und Keller zweifellos vonnöten, um das Wesen der Binger Weine wiederzuentdecken, die in den letzten Jahrzehnten allenfalls von ihrem noch dazu vor allem mit Weinbrand assoziierten Namen lebten. Beinahe drei seiner insgesamt gut zwölf Hektar Reben hat Riffel in der eigentlichen Lage Scharlachberg unmittelbar angrenzend an den Scharlachkopf, und damit verhilft er diesem Ausnahme-Terroir wieder zu einer eindrucksvollen Stimme. Riffels Spitzenwein, der trockene Riesling Turm, stammt von 40 bis 50 Jahre alten Stöcken in

Weingut Riffel
Mühlweg 14a
D-55411 Bingen-Büdesheim
Tel. +49 (0)67 21/99 46 90
Fax +49 (0)67 21/99 46 91
E-Mail: service@weingut-riffel.de
www.weingut-riffel.de
Öffnungszeiten Vinothek:
Mo.–Fr. 17–19 Uhr, Sa. 10–16 Uhr
und nach Vereinbarung

Qualitätswein
Gesetzliche Bezeichnung in Österreich und Deutschland für amtlich geprüfte Weine. Ob diese Prüfung tatsächlich Qualität garantiert, ist umstritten.

einem eher steinigen Bereich. Im Vergleich mit den besten Rieslingen des Wonnegaus ist es ein nahezu schlanker, feingliedriger Wein, deshalb aber nicht weniger konzentriert. Und während die Rieslinge aus dem vergleichbaren Rüdesheimer Berg Schlossberg in ihrer dunklen Würze ganz von der vom Rhein aufsteigenden Hitze geprägt sind, kommt die

Eleganz der kargen Quarzitböden hier gemäßigter und kühler zum Ausdruck, äußert sich die florale Duftigkeit statt in den für Rüdesheim charakteristischen Rosen eher in Zitruszeste und Minze.

Der Rochusberg mit dem Scharlachberg ist die Quarzitausnahme im Norden Rheinhessens.

Nach Ingelheim ist es von Büdesheim und Bingen hinüber nur ein kurzer Sprung, und doch ist hier im untersten Teil des Selztals alles ganz anders. Die Stadt hat mit der Kaiserpfalz eine großartige Geschichte, und die Weinliteratur schwärmte vor 100 Jahren besonders von den Rotweinen als »Qualitätsweinen ersten Ranges, die zu den besten und edelsten Erzeugnissen Deutschlands zählen. Die runde, reife, mollige Art, die feine würzige Blume hat ihnen Weltruf verschafft«. Doch die Welt hat sich geändert, die des Rotweins vielleicht ganz besonders, und was einst als

Rheinhessische Herausforderung: Lössboden.

Alte Reben

Zugelassene Bezeichnung für Weine, die ausschließlich aus Trauben von Rebstöcken erzeugt werden, die mindestens 25 Jahre alt sind. Je älter ein Rebstock ist, desto kleiner und geschmacksintensiver werden in der Regel seine Trauben und Beeren wie auch sein Ertrag.

rund, reif und mollig galt, wirkt heute vielfach etwas leicht und nicht übermäßig charaktervoll. Vielleicht ist der Obst- und Gemüsebau in den zum Rhein hin sandig auslaufenden Böden mehr gewinnbringend als der Weinbau am Westsüd- westhang des Mainzer Plateaus, vielleicht ist auch der Blick durch den langen Schatten Karls des Großen und der ihm folgenden Herrscher noch zu sehr in die Vergangenheit gerichtet, um dem feinen, leichten Ingelheimer Wein in der in anderen Teilen Rheinhessens von Dynamik bestimmten Gegenwart eine ausdrucksvolle Stimme zu verleihen.

Weiter östlich ist der Weinbau von Mainz aus über die Jahre immer weiter von Siedlungen zurückgedrängt worden, nur ganz im Osten in Hechtsheim haben sich nennenswerte Rebflächen gehalten, dem nördlichen Ausläufer der so genannten Rheinterrasse. Sie zieht sich wie ein großer schützender Wall mit der Ausnahme des Roten Hangs von Laubenheim über Oppenheim bis hinunter nach Mettenheim. Auf den tiefen, teilweise lehmigen Löss- und Sandböden »fühlt sich die Rebe besonders wohl«, wie es so schön in der einschlägigen Literatur heißt. Was aber nicht unbedingt bedeutet, dass sie das auch zu dramatischen Spitzenergebnissen in Trauben- bzw. Weinform bewegen würde..., eher drängen sich Beschreibungen wie mild, dezent, gefällig, rund, angenehm auf – oder fehlt es bis jetzt an dem richtigen Kick auf Winzerseite?

Manchmal scheint es, als haderten die Winzer selbst ein wenig mit den Böden, die ihnen das Schicksal zugespielt hat, anstatt sich voll und ganz dazu zu bekennen. Es drängt sich der Vergleich mit den lange Zeit gering geschätzten Löss-Weinbergen des Donaulands auf, wo Bernhard Ott in Feuersbrunn in den letzten Jahren für vollkommen unerwartete Furore sorgt. Er kitzelt mit dem hinter dem Riesling als zweitklassig geltenden Grünen Veltliner auch noch das letzte gewaltige, großartige Potenzial aus diesen Lagen. Allen Großes-Gewächs-Bestrebungen zum Trotz, für die in ganz Rheinhessen einheitlich ausschließlich Riesling und Spätburgunder zugelassen sind – vielleicht wäre ja der Silvaner, der früher im Übrigen Österreicher hieß, hier zu Großem fähig, wenn man denn volles Vertrauen in ihn setzte? Ein kernig kraftvoller Silvaner Alte Reben aus dem Mettenheimer Schlossberg deutet beim alt eingesessenen, seit langem ökologisch und ausgesprochen zuverlässig arbeitenden WEINGUT SANDER in Mettenheim auf erhebliches Potenzial. Auch beim WEINGUT BRÜDER DR. BECKER in Ludwigshöhe, mit ebenso langer Ökotradition und von Lotte Pfeffer und Hans Müller gleichermaßen qualitätsbewusst geführt, scheint das Thema noch längst nicht ausgereizt. Keine Diskussion kann es hier hingegen bei den saftigen, verführerischen Scheurebe-Weinen geben, denen stets das enorme Vergnügen anzumerken ist, mit dem man sich hier seit 1940 kontinuierlich zu dieser Sorte bekennt. An die einstige Größe der Oppenheimer Weine versucht seit einigen Jahren das 1999 neugegründete WEINGUT DR. HEYDEN anzuknüpfen, doch auch hier bleibt auf mehr zu hoffen.

Message-Mitglied Carolin Gillot vom Bodenheimer WEINGUT KÜHLING-GILLOT schließlich vereint in ihrem ausgedehnten Weinbergsbesitz Lagen in Laubenheim, Bodenheim, Nackenheim, Nierstein und Oppenheim. Sie findet seit ihrem Einstieg ins elterliche Gut 2002 immer mehr zu einem eigenen Stil, der sowohl der Rheinterrasse als auch dem Rotliegenden Rechnung trägt. Das ist eines der Anzeichen für das gestiegene Bewusstsein für die Identität des rheinhessischen Weins – die Lagen des Roten Hangs sind heute nicht weniger außergewöhnlich als in den 1980er-Jahren, als Fritz und Agnes Hasselbach ihren Kampf um Anerkennung antraten, aber sie gliedern sich inzwischen in die unzähligen, spannenden Facetten der Weinlandschaft Rheinhessens ein, von denen immer neue von neugierigen Winzern offen gelegt werden. Bei der gegenwärtigen Stimmung ist abzusehen, wann es hier mit ebenso großer Selbstverständlichkeit wie bei den pfälzischen Kollegen heißen wird: »Wir aus Rhoihessen!«

Weingut Sander
In denn Weingärten 11
D-67582 Mettenheim
Tel. +49 (0)62 42/15 83
Fax +49 (0)62 42/65 89
E-Mail: info@weingut-sander.de
www.weingut-sander.de
Öffnungszeiten:
Mo.–Fr. 9–17 Uhr, Sa. 9–15 Uhr

Weingut Brüder Dr. Becker
Mainzer Straße 3–7
D-55278 Ludwigshöhe
Tel. +49 (0) 62 49/84 30
Fax +49 (0) 62 49/76 39
E-Mail: weingut@brueder-dr-becker.de
www.brueder-dr-becker.de
Öffnungszeiten: nach Vereinbarung
Jeden ersten Sa. im Monat 11–19 Uhr offene Probe

Weingut Dr. Heyden
Wormser Straße 95
D-55276 Oppenheim
Tel. +49 (0)61 33/92 63 01
Fax +49 (0)61 33/92 63 02
E-Mail: heydenwein@t-online.de
www.heydenwein-oppenheim.de
Öffnungszeiten: nach Vereinbarung

Weingut Kühling-Gillot
Oelmühlstraße 25
D-55294 Bodenheim
Tel. +49 (0)61 35/23 33
Fax +49 (0)61 35/64 63
E-Mail: info@kuehling-gillot.de
www.kuehling-gillot.de
Öffnungszeiten:
Mo.–Fr. 9–12 und 14–17 Uhr, Sa. 10–14 Uhr und nach Vereinbarung

Rheinhessen in Zahlen

	vor 100 Jahren	vor 25 Jahren	2005	Trend
Gesamtrebfläche	14 052 ha	23 766 ha	26 766 ha	⇨
weiße Rebsorten insgesamt	88,78 % = 12 475 ha	95,7 % = 22 745 ha	67,44 % = 17 689 ha	⇨
rote Rebsorten insgesamt	11,22 % = 1577 ha	4,3 % = 1021 ha	32,56 % = 8539 ha	⇨
Traditionelle Rebsorten				
Riesling	15,63 % = 2196 ha	5,32 % = 1265 ha	11,17 % = 2930 ha	⇧
Silvaner	64,11 % = 9009 ha	16,63 % = 3952 ha	9,49 % = 2489 ha	⇨
Weißburgunder	–	0,4 % = 97 ha	2,54 % = 666 ha	⇧
Grauburgunder	0,9 % = 128 ha	2,24 % = 532 ha	4,06 % = 1066 ha	⇧
Portugieser	6,77 % = 951 ha	2,98 % = 707 ha	7,02 % = 1840 ha	⇨
Spätburgunder	0,71 % = 100 ha	0,76 % = 180 ha	5,06 % = 1326 ha	⇧
Moderne Rebsorten				
Bacchus	–	7,09 %= 1684 ha	3,53 % = 927 ha	⇩
Faberrebe	–	6,15 % = 1461 ha	2,44 % = 639 ha	⇩
Kerner	–	6,02 % = 1430ha	5,5 % = 1443 ha	⇩
Morio-Muskat	–	4,6 % = 1092ha	0,95 % = 249 ha	⇩
Müller-Thurgau	–	27,08 % = 6428 ha	16,24 % = 4258 ha	⇨
Ortega	–	2,34 % = 557 ha	1,56 % = 408 ha	⇩
Scheurebe	–	8,88 % = 2111 ha	4,08 % = 1069 ha	⇨
Dornfelder	–	0,2 % = 47 ha	13,42 % = 3520 ha	⇨
Internationale Rebsorten				
Chardonnay	–	–	1,32 % = 345 ha	⇨

Quelle: Statistisches Landesamt Bad Ems

WEITERE EMPFOHLENE WEINGÜTER

Weingut Alte Schmiede

Sandgasse 8
D-55599 Siefersheim
Tel. +49(0)67 03/7 05
Fax +49(0)67 03/7 15
E-Mail:
hallo@weingut-alte-schmiede
www.weingut-alte-schmiede.de
Öffnungszeiten: Straußenwirtschaft
von Mai bis August, Fr.–Sa. ab 18
Uhr, So. und feiertags ab 16 Uhr,
Weinproben nach Vereinbarung
Noch eine viel versprechende
Adresse in einer Ecke Rheinhes-
sens, deren Potenzial bei weitem
noch nicht ausgeschöpft ist.

Weingut Becker-Landgraf

Im Felsenkeller 1
D-55239 Gau-Odernheim
Tel. +49 (0)67 33/74 49
Fax +49 (0)67 33/18 47
E-Mail: weingut@beckerlandgraf.de
www.becker-landgraf.de
Öffnungszeiten: nach Vereinbarung
Obgleich 2005 ihr erster Jahrgang
war, haben sich die Landgrafs mit
dem Riesling Herrgottspfad und
dem Spätburgunder Rosenberg
bereits einen Platz in der Gebietsspitze und darüber hinaus geschaf-
fen, und auch die einfachen Weine
sind klasse.

Weingut Bischel

Sonnenhof
D 55437 Appenheim
Tel. +49(0)67 25/26 83
Fax +49(0)67 25/51 27
E-Mail: postbox@weingut-bischel-
sonnenhof.de
www.weingut-bischel-sonnen-
hof.de
Öffnungszeiten: nach Vereinbarung
Neben dem Weingut Riffel ist der
Sonnenhof der spannendste
Winzer am Scharlachberg.

Weingut Burgunderhof

Zum Neusatz 14
D-67551 Worms-Pfeddersheim
Tel. +49 (0)62 47/2 86
Fax +49 (0)62 47/90 52 87
E-Mail:
info@weingutpfannebecker.de
www.weingutpfannebecker.de
Öffnungszeiten: Mo.–Sa. 8–12 und
13–18 Uhr, So. nach Vereinbarung
Eine erfrischende neue Stimme in
Worms!

Louis Guntrum

Rheinallee 62
D-55283 Nierstein
Tel. +49 (0)61 33/9 71 70
Fax +49 (0)61 33/97 17 17
E-Mail: info@guntrum.de
www.guntrum.de
Öffnungszeiten: Mo.–Do. 7–12 und
13–16.30 Uhr, Fr. 7–12 Uhr und
nach Vereinbarung

Weingut Gutzler

Roßgasse 19
D-67599 Gundheim
Tel. +49 (0)62 44/90 52 21
Fax +49 (0)62 44/90 52 41
E-Mail: weingut-gutzler@t-online.de
www.gutzler.de
Öffnungszeiten: nach Vereinbarung

Weingut Johanninger

Hauptstraße 4–6
D-55546 Biebelsheim
Tel. +49 (0)67 01/83 21
Fax +49 (0)67 01/32 95
E-Mail: mail@johanninger.de
www.johanninger.de
Öffnungszeiten: nach Vereinbarung

Weingut Manz

Lettengasse 6
D-55278 Weinolsheim
Tel. +49 (0)62 49/79 81
Fax +49 (0)62 49/8 00 22
E-Mail:
weingut@manz-weinolsheim.de
www.manz-weinolsheim.de
Öffnungszeiten: nach Vereinbarung
Eine breite Palette ambitionierter
Weine, gekrönt vom Riesling Hahn-
bügl***, einer Selektion aus der
Lage Weinolsheimer Kehr.

Weingut Neef-Emmich

Alzeyer Straße 15
D-67593 Bermersheim
Tel. +49 (0)62 44/90 52 54
Fax +49 (0)62 44/90 52 55
E-Mail: info@neef-emmich.de
www.neef-emmich.de
Öffnungszeiten: nach Vereinbarung
Trinkfreude in Flaschen.

Weingut Schales

Alzeyer Straße 160
D-67592 Flörsheim-Dalsheim
Tel. +49 (0)62 43/70 03
Fax +49 (0)62 43/52 30
E-Mail: weingut@schales.de
www.schales.de
Öffnungszeiten: Mo.–Fr. 8–12 und
14–18 Uhr, Sa. 9–13 Uhr
Weinproben ab 20 Personen nach
Vereinbarung

Weingut Schembs

Schmiedgasse 23
D-67550 Worms-Herrnsheim
Tel. +49 (0)62 41/5 20 56
E-Mail: info@schembs-worms.de
www.schembs-worms.de
Öffnungszeiten Verkauf
(Herrnsheimer Hauptstraße 52):
Do. 15–19 Uhr, Fr. und Sa. 10–14
Uhr und nach Vereinbarung

Weingut Scherner-Kleinhanss
Alzeyer Straße 10
D-67592 Flörsheim-Dalsheim
Tel. +49 (0)62 43/4 35
Fax +49 (0)62 43/56 65
E-Mail: info@scherner-kleinhanss.de
www.scherner-kleinhanss.de
Öffnungszeiten: nach Vereinbarung

Schloss Westerhaus
D-55218 Ingelheim
Tel. +49 (0)61 30/66 74
Fax +49 (0)61 30/66 08
E-Mail: info@schloss-westerhaus.de
www.schloss-westerhaus.de
Öffnungszeiten: Mo.–Fr. 9–18.30
Uhr, Sa. 10–16 Uhr, Weinproben
nach Vereinbarung

Weingut Geheimrat Schnell
Eimsheimer Straße 36
D-7583 Guntersblum
Tel. +49 (0)62 49/90 50 44
Fax +49 (0)62 49/90 50 46
E-Mail: info@schnellwein.de
www.schnellwein.de
Öffnungszeiten: nach Vereinbarung
In einer der am meisten unter-
schätzten Ecken Rheinhessens, den
Rheinterrassen mit ihren wunder-
schönen Hohlwegen, erzeugt
Johann Schnell unaufdringliche,
feine Weine. Besonders die
Burgundersorten zeigen, welch
Potenzial auch im Löss steckt.

Weingut Seehof
Seegasse 20
D-67593 Westhofen
Tel. +49 (0)62 44/49 35
Fax +49 (0)62 44/90 74 65
E-Mail: weingut-seehof@t-online.de
www.weingut-seehof.de
Öffnungszeiten: nach Vereinbarung
Florian Fauth steigert sich mit
seinen trockenen Rieslingen und Sil-
vanern von Jahr zu Jahr.

Weingut Spiess-Riederbacherhof
Gaustraße 2
D-67595 Bechtheim
Tel. +49(0)62 42/76 33
Fax +49(0)62 42/64 12
E-Mail: info@spiess-wein.de
www.spiess-wein.de
Öffnungszeiten: Mo.–Fr. 8–12 und
13–18 Uhr, Sa. 8–18 Uhr, So. und
feiertags nach Vereinbarung
Besonders die kräftigen Rotweine
lohnen hier einen Besuch, seit Sohn
Jürgen so richtig Gas gibt.

Weingut Spohr
Welschgasse 3
D-67550 Worms
Tel. +49 (0)62 42/91 10 60
Fax +49 (0)62 42/9 11 06 30
E-Mail: weingut.spohr@t-online.de
www.weingutspohr.de
Öffnungszeiten:
Mo.–Fr. 8–18 Uhr, Sa. 9–14 Uhr
und nach Vereinbarung

Weingut Steitz
Mörsfelderstraße 3
D-55599 Stein-Bockenheim
Tel. +49(0)67 03/9 30 80
Fax +49(0)67 03/93 08 90
E-Mail: mail@weingut-steitz.de
www.weingut-steitz.de
Öffnungszeiten: nach Vereinbarung
Endlich ist neben Wagner-Stempel
ein zweiter Betrieb in der rheinhes-
sischen Schweiz am Kommen!

Weingut Teschke
Laurenziberg 14
D-55435 Gau-Algesheim
Tel. +49(0)67 25/23 31
Fax +49(0)67 25/96 36 33
E-Mail: info@weingut-teschke.de
www.weingut-teschke.de
Öffnungszeiten: nach Vereinbarung
Michael Teschke zeigt mit seinen
hervorragenden charaktervollen
trockenen Silvanern und Portugie-
sern, wie sehr diese Sorten von den
meisten unterschätzt werden.

Winzerhof Thörle
Ostergasse 40
D-55291 Saulheim
Tel. +49(0)67 32/54 43
Fax +49(0)67 32/96 08 60
E-Mail: info@winzerhof-thoerle.de
www.winzerhof-thoerle.de
Öffnungszeiten: nach Vereinbarung
Mit dem Riesling Alte Reben hat
sich Familie Thörle auf der Karte
des neuen Rheinhessens einen Platz
erobert.

Weingut P. J. Valckenberg
Weckerlingplatz 1
D-67547 Worms
Tel. +49 (0)62 41/9 11 10
Fax +49 (0)62 41/91 11 60
E-Mail: info@valckenberg.com
www.valckenberg.com
Öffnungszeiten Weinladen: Di. bis
Fr. 12–18 Uhr, Sa. 10–14 Uhr

Weingut Arndt F. Werner
Mainzer Straße 97
D-55218 Ingelheim
Tel. +49 (0)61 32/10 90
Fax +49 (0)61 32/43 13 35
E-Mail: info@weingutwerner.de
www.weingutwerner.de
Öffnungszeiten: Di.–Fr. 9–12.30
und 14–18 Uhr, Sa. 9.30 bis 14 Uhr
und nach Vereinbarung

HOTELS
UND
RESTAURANTS

ALZEY

Alea
Bahnhofstraße 29
D-55232 Alzey
Tel. +49 (0)67 31/5 52 83
E-Mail: k.kaercher@t-online.de
www.alea-alzey.de
Öffnungszeiten: Di.–Sa. ab 16 Uhr,
So. 9–15 Uhr und ab 17 Uhr, Mo.
Ruhetag
Angenehme Atmospäre, frische
Küche und eine hervorragende
Gelegenheit, um Alex Gyslers
Weine »vor Ort« zu erleben.
Preiskategorie: €

FLÖRSHEIM-DALSHEIM

Gästehaus Jost
Am Obertor 18
D-67592 Flörsheim-Dalsheim
Tel. +49 (0)62 43/91 18 00
Fax +49 (0)62 43/91 18 23
E-Mail: info@hotel-jost.de
www.hotel-jost.de
Familiär geführte, angenehme
Anlaufstelle für Wein-Expeditionen
im Wonnegau.
Preiskategorie: €

KÖNGERNHEIM

Jordan's Untermühle
(mit Hotel)
Außerhalb 1
D-55278 Köngernheim
Tel. +49(0)67 37/7 10 00
Fax +49(0)67 37/71 00 99
E-Mail: info@jordans-untermueh-
le.de
www.jordans-untermuehle.de
Öffnungszeiten: täglich ab 11 Uhr
Ein alter Mühlenkomplex außerhalb
von Köngernheim, mit Garten und
interessanter Weinauswahl, auch
für Radwanderungen bestens
gelegen.
Preiskategorie: €€

MAINZ

Quartier 65
Wormser Straße 65
D-55130 Mainz
Tel. +49 (0)61 31/27 76 00
Fax +49(0)61 31/2 77 60 20
E-Mail: mainz@quartier65.de
www.quartier65.de
Exklusives kleines Designerhotel an
der Bundesstraße 9.
Preiskategorie: €€

MÖLSHEIM

Alte Brennerei
Kirchgasse
D-67591 Mölsheim
Tel. +49(0)62 43/5364
www.alte-brennerei-moelsheim.de
Öffnungszeiten: Fr. und Sa. ab 18
Uhr, So. ab 16 Uhr
Ein rheinhessischer »Heuriger« der
Familie Göhring, die dieses beein-
druckende alte Gemäuer komplett
mit barocker Gartenanlage liebevoll
und detailbesessen renoviert hat.
Rheinhessische Lebensart, wie man
sie sich wünscht!
Preiskategorie: €

OPPENHEIM

Hotel Merian
Wormserstraße 2
D-55276 Oppenheim
Tel +49(0)61 33/9 49 40
Fax +49(0)61 33/94 94 44
E-Mail: info@merianhotel.de
www.merianhotel.de
Moderne Eleganz in historisch reno-
vierten Gemäuern; unter derselben
Führung wie das Hotel Zwo.
Preiskategorie: €€

L'Herbe de Provence
im Hotel Zwo
Friedrich-Ebert-Straße 84
D-55276 Oppenheim
Tel +49 (0)61 33/94 94 20
Fax +49 (0)61 33/94 94 45
E-Mail: restaurant@hotelzwo-
oppenheim.de
www.hotelzwo-oppenheim.de
Öffnungszeiten: täglich ab 18 Uhr,
So.–Fr. auch ab 12 Uhr
Elsässische Küche der Moderne mit
mediterranem Einschlag zu (nicht
nur) rheinhessischen Weinen; zwei-
fellos ein neues Highlight in der kuli-
narischen Szene des Gebiets.
Preiskategorie:
Restaurant: €€€
Hotel: €€

Wein- und Sekthaus Völker
Krämerstraße 7
D-55276 Oppenheim
Tel. +49(0)61 33/22 69
Fax +49(0)61 33/22 98
E-Mail: info@weinhaus-voelker.de
www.restaurant-voelker.de
Öffnungszeiten: Mi.–Fr. ab 18 Uhr,
Sa. und So. ab 12 Uhr
Eine rundherum spannende Loca-
tion. Bei den Weinen von Jürgen
Hofmann aus Appenheim (neben
vielen anderen) lässt sich hier nicht
nur Paul Wallots gedenken, dem
Architekten des Berliner Reichstags,
der in diesem Haus geboren wurde,
sondern mittels eines Fahrstuhls in
die mittelalterlichen Kellergewölbe
auch die Oppenheimer Geschichte
erleben.
Preiskategorie: €

OSTHOFEN

Landhotel Zum Schwanen

Friedrich-Ebert-Straße 40
D-67574 Osthofen
Tel. +49 (0)62 42/91 40
Fax +49 (0)62 42/91 42 99
E-Mail:
info@zum-schwanen-osthofen.de
www.zum-schwanen-osthofen.de
Wer es ländlich-gediegen mag, ist
hier bestens aufgehoben.
Preiskategorie: €€

SCHWABENHEIM

Landgasthof Engel

Weingut Immerheiser
Markt 8
D-55270 Schwabenheim
Tel. +49(0)61 30/92 93 94
E-Mail: info@immerheiser-wein.de
www.immerheiser-wein.de
Öffnungszeiten: täglich ab 18 Uhr,
So. auch mittags
Rheinhessisch rustikal.
Preiskategorie: €

Zum alten Weinkeller

(mit Hotel)
Weingut Immerheiser
Schulstraße 6–10
D-55270 Schwabenheim
Tel. +49(0)61 30/94 18 00
Fax +49(0)61 30/9 41 80 80
E-Mail: info@immerheiser-wein.de
www.immerheiser-wein.de
Öffnungszeiten: täglich ab 18 Uhr,
So. auch mittags
Gehobene Gastronomie, sympa-
thisch und äußerst geschmackvoll.
Preiskategorie: €€

SIEFERSHEIM

Gästehaus Wagner-Stempel

Wöllsteinerstraße 10
D-55599 Siefersheim
Tel. +49(0)67 03/96 03 30
Fax +49(0)67 03/96 03 31
E-Mail: info@wagner-stempel.de
www.wagner-stempel.de
Preiskategorie: €€€
Liebevoll eingerichtete Zimmer,
wunderbares Frühstück im Kreuz-
gewölbe des ehemaligen Kuhstalls –
näher lässt es sich der rheinhessi-
schen Lebensart und dem rheinhes-
sischen Spitzenwein nicht kommen.
Preiskategorie: €€

SÖRGENLOCH

Schloss Sörgenloch

(auch Hotel)
Schlossgasse 7–9
D-55270 Sörgenloch
Tel. +49 (0)61 36/95 27–100
Fax +49 (0) 6136/95 27–130
E-Mail:
info@SchlossSoergenloch.de
www.schlosssoergenloch.de
Öffnungszeiten Küche:
11.30–14 Uhr und 17.30–22 Uhr
täglich mittags und abends
Gelungene Mischung aus elegant
und bodenständig, nicht nur in
puncto Weinauswahl ein hervorragender Einstieg, wenn man von
Mainz her nach Rheinhessen »ein-
fährt«; mit romantischem Garten
unter einer alten Linde.
Preiskategorie: €€

WÖLLSTEIN

Wöllsteiner Weinstube

Eleonorenstraße 32
D-55597 Wöllstein
Tel +49 (0)67 03/96 19 33
E-Mail:
Ute@wollsteiner-weinstube.de
www.woellsteinerweinstube.de
Öffnungszeiten: täglich außer Mo.
ab 17.30 Uhr
Charismatisch geführt, mit verführe-
rischer Weinkarte weit über Rhein-
hessen hinaus bekannt.
Preiskategorie: €

WORMS

Café Fürst und Restaurant Oberdeck

Floßhafenstraße 7a
D-67547 Worms
Tel. +49 (0)62 41/9 72 39 24
Fax +49 (0)62 41/9 72 39 25
E-Mail: info@fuerst-worms.de
www.fuerst-worms.de
Öffnungszeiten Café: Di.–Sa. ab 9
Uhr, So. ab 11 Uhr,
Restaurant: Di.-Sa. ab 18 Uhr
In der ehemaligen Rheinbadeanstalt
im alten Floßhafen unter der Nibe-
lungenbrücke in Worms sind die
Freizeitschiffer zu Hause; auf
diesem Ponton lassen sich in
modern-maritimen Ambiente
besonders laue Sommerabende
bestens genießen.
Preiskategorie: €€

Parkhotel Prinz Carl

Prinz-Carl-Anlage 10–14
D-67547 Worms
Tel. +49 (0)62 41/30 80
Fax +49 (0)62 41/30 83 09
E-Mail: info@parkhotel-prinzcarl.de
www.parkhotel-prinzcarl.de
Großzügige Anlage in direkter
Nachbarschaft zur Liebfrauenstifts-
kirche.
Preiskategorie: €€€

Gasthaus Zum Schiff

Kirchstraße 6
D-67550 Worms-Rheindürkheim
Tel. +49 (0)62 42/20 23
Fax +49 (0)62 42/20 24
E-Mail: rotisseriedubs@web.de
www.dubs.de
Öffnungszeiten: täglich mittags und
abends außer Di. und Sa. mittags
Bodenständig in seiner besten
Form, mit strahlenden Highlights
wie der hausgemachten Walnuss-
blutwurst. In diesem kleinen Ort
nördlich von Worms lässt sich
außerdem die Bedeutung des
Rheins als Schifffahrtsstraße erspü-
ren.
Preiskategorie: €

NAHE

Langsam erhebt sich der Riese aus seinem vulkanischen Erdreich, beginnt sich zu räkeln und schüttelt den Staub eines Jahrhunderts von seinen Schultern. Sein durchdringender Blick ist fest auf die weite Weinwelt gerichtet. Die Nahe ist aus ihrem Tiefschlaf erwacht und ähnlich wie 1921 zu voller Größe auferstanden! Aufsehen erregende, ungemein köstliche mineralische Rieslinge von atemberaubenden Felsen, Steilwänden und Steinklippen in diesem so urzeitlich anmutendem *Jurassic Park* für Reben helfen uns, bekannte Normen zu überwinden und Dinge zu schmecken, die ansonsten unter tiefgründigen Gesteinsschichten oder auch in so manchen Köpfen eingeschlossen sind…

Bis in die 1960er-Jahre bildete der feinfühlige Umgang mit dem Holzfass die Grundlage für die Winzerkunst an der Nahe.

»Früher lebten bei uns in Oberhausen noch mehrere Küfer«, berichtet der führende Winzer des Gebietes und Riesling-Spezialist Helmut Dönnhoff aus Oberhausen, »und sonntags trafen sich auch bei uns die hiesigen Winzer zum Stammtisch und diskutierten mit meinem Vater Hermann über die Lagen und die Feinheiten des Holzfass-Ausbaus. Junge Winzer wie ich durften damals dabei sein, und wir konnten enorm von der Erfahrung der Alten profitieren. Und so richtig zur Sache ging es in puncto Qualität eigentlich nur bei einer Rebsorte: dem Riesling.«

Damals gegen Ende der 1960er-Jahre, als Dönnhoff seine Winzerausbildung in Bad Kreuznach absolvierte, gab es bereits eine eigenständige Weinregion Nahe, da diese schon in den frühen 1930er-Jahren in einer staatlichen Verfügung als eigenständige Weinbauregion aufgeführt wurde. Die Grundsteine für die Profilierung des Gebietes wurden aber bereits um 1900 durch die Gründung der Provinzial-Lehranstalt mit dem daraus resultierenden Staatsweingut und 1901/1902 durch die Staatliche Weinbaudomäne Niederhausen-Schlossböckelheim gelegt. Letztere leistete Pionierarbeit im Riesling-Anbau, insbesondere an den Steilhängen

Mehr Stein als Schein

Von Manfred Lüer

NAHE

■ WEINANBAU   ■ STÄDTE & DÖRFER

Unsere Top 10

50° NÖRDL. BREITE

RHEIN-NAHE TOURISTIK E.V.

Oberstraße 45
D-55422 Bacharach
Tel. +49 (0)67 43/91 93 03
Fax +49 (0)67 43/91 93 04
E-Mail: info@rhein-nahe-touristik.de
www.rhein-nahe-touristik.de

WEINLAND NAHE E.V.

Burgenlandstraße 7
D-55543 Bad Kreuznach
Tel. +49 (0)6 71/83 40 50
Fax +49(0)6 71/8 34 05 25
E-Mail: info@weinland-nahe.de
www.weinland-nahe.de

HUNSRÜCK

Spabrück

Flughafen
Frankfurt-Hahn

ALTEBURG
621 m
▲

Seesbach

Argenschwang

Bockenau

Martinstein

Waldböckelheim

Monzingen

Schloss
böckelheim

Kirn

Bad
Sobernheim

Meddersheim

▲
Disibodenberg

Odernheim

Heimweiler

Abtweiler

Glan

Idar-Oberstein

Meisenheim

RHEINLAND-PFALZ

Norden
5 km

5 Besucherbergwerk
Schmittenstollen
www.schmittenstollen.de

6 Rotenfels

© Infographic.de

Gutsverwaltung Niederhausen –
Schlossböckelheim
Ehemalige Weinbaudomäne
D-55585 Niederhausen
Tel. +49 (0)67 58/9 25 00
Fax +49 (0)67 58/92 50 19
E-Mail: info@riesling-domaene.de
www.riesling-domaene.de
Öffnungszeiten:
Mo.–Fr. 9–18 Uhr,
Sa. 10–16 Uhr

Staatsweingut Bad Kreuznach
Rüdesheimer Straße 68
D-55545 Bad Kreuznach
Tel. +49 (0)6 71/82 03 30
Fax +49 (0)6 71/82 03 01
E-Mail: info@staatsweingut.de
www.staatsweingut.de
Öffnungszeiten:
Mo.–Do. 9–12.30 und
14–17 Uhr, Fr. 9–14.30 Uhr
und nach Vereinbarung

eines früheren Kupferbergwerks, der heutigen Renommierlage Kupfergrube. Nach einer Periode schwankender Leistungen knüpft die heutige privatisierte GUTSVERWALTUNG NIEDERHAUSEN-SCHLOSSBÖCKELHEIM unter der Ägide der Familie Erich Maurer nun wieder peu à peu an die einstige Hochform an.

Die Weine aus Bad Kreuznach und teilweise auch viel weiter stromaufwärts wurden bis Anfang des 20. Jahrhunderts fast immer nach ihrem Handelsplatz als »Rheinweine« vermarktet. Handwerklich eigenständige dörfliche Strukturen bestimmten flussaufwärts der Kurstadt das Bild, und jeder Erzeuger musste sich über seinen Betrieb und seinen Stil einen Namen machen. Daran hat sich bis heute nichts geändert, und darauf gründet sich auch die enorme stilistische Vielfalt der Nahe-Weine. Denn die Region ist heute fest in der Hand von kleineren bis mittleren Erzeugern. Dabei war Bad Kreuznach historisch der Sitz von größeren, renommierten Betrieben und Handelsunternehmen von geradezu legendärem Ruf: August E. Anheuser, Paul Anheuser, Reichsgraf von Plettenberg, Gutleuthof, Freiherr von Herf und eben auch das heute noch florierende STAATSWEINGUT BAD KREUZNACH, das nach Umstrukturierungen und durch tiefgreifende Qualitätsverbesserungen wieder deutlich bessere Weine, vor allem aus dem Norheimer Kafels, macht. Bad Kreuznach war traditionell also ein wichtiges Zentrum der deutschsprachigen Weinwelt! Dort sollte etwa der Weinbaukongress 1939 stattfinden, und die für Helmut Dönnhoff »wichtigste Firma in der Weinwelt«, die Seitz-Filter-Werke, entwickelte hier ab Ende des Ersten Weltkriegs die moderne Weinfiltration.

> ■ Uns Nahewinzern blies schon
> immer der Wind ins Gesicht. Wir
> waren es gewohnt zu kämpfen
> und haben deshalb einfach
> schneller die Kurve gekriegt.
>
> Helmut Dönnhoff, Weingut Hermann
> Dönnhoff, Oberhausen

Vor allem aber hatten die Renommierbetriebe Gutsverwalter – in der hiesigen Weinszene respektvoll die »Drei Weinheiligen von der Nahe« genannt –, die für ein tradiertes

Weinwissen aus der Hochblüte des deutschen Weins standen: Heinrich Fuchß vom Weingut August E. Anheuser, Willi Zeuner vom Weingut Freiherr von Herf und Rudolf Koch vom Weingut Reichsgraf von Plettenberg, einer weinbaulichen Vaterfigur von Helmut Dönnhoff. Sie legten allesamt großen Wert auf das geeignete Rebmaterial und waren bis in die 1950er-Jahre Vorreiter bei der Klonselektion.

Doch der Verfall alter Weinwerte war nicht mehr aufzuhalten, und diese einst führenden Betriebe verschwanden – bis auf das Staatsweingut Bad Kreuznach. Das Wirtschaftswunderdenken erfasste die Nahe mit katapultartiger Schubkraft und schleuderte die Weinwirtschaft der Region hinein in eine fortschrittsbesessene Weinmoderne. Mit dem Weingesetz von 1971 wurde die Nahe-Weinregion wie auch die anderen deutschen Weinanbaugebiete parzellengenau abgegrenzt: von Martinstein bei Monzingen im Westen bis Bad Kreuznach im Osten, von Münster-Sarmsheim im Norden bis Mannweiler-Cölln im Süden. Nun wollte sich das junge und gleichzeitig uralte Anbaugebiet eine neue Identität erarbeiten. Alte Korbkeltern wurden durch größere Spindelpressen ersetzt, viele Holzfässer gegen Kunststoffbehälter ausgetauscht: Die technische Modernisierung hielt Einzug in den Keller, der Stolz auf ehemals führende Weinbaubetriebe wurde entschlossen über Bord geworfen. Das Wissen um die alte handwerkliche Winzerkunst hing quasi an einem seidenen Faden.

Zu diesem Zeitpunkt stieg Helmut Dönnhoff in den elterlichen Betrieb ein und übernahm diesen im Jahr 1974. Im Geiste der 1968er-Bewegung war er durchaus ein Anhänger des neuen Weingesetzes, weil es die alten, scheinbar überholten hierarchischen Strukturen nivellierte, den Weinbau basisdemokratischer machte und in neue Bevölkerungsschichten trug. Auch die vielen Neuzüchtungen sind auf diese Zeit zurückzuführen, als sich die Nahe mit Sorten wie Kerner, Bacchus, Faber und vielen anderen eine neue, eigenständige Identität schaffen und sich vom großen Bruder, dem Rheingau, abgrenzen wollte. Gegründet auf die Vielfalt der Rebsorten und Böden – Rotliegendes, Gneis, Phyllit, Porphyr, Quarzit, Schiefer-Variationen und vieles mehr wechseln teils auf engstem Raum –, erfand die lokale Weinwerbung für die Nahe den Slogan »Probierstübchen der Nation«, der völlig

Nachfolgende Doppelseite: Panoramablick auf die mittlere Nahe und den Ort Oberhausen (l). Vis-à-vis des Lembergs liegen weltberühmte Lagen wie die Niederhäuser Hermannshöhle.

Silvaner
Uralte aus Österreich stammende weiße Rebsorte. Vor 100 Jahren die vielleicht bedeutendste Sorte im deutschsprachigen Raum. Heute ist sie jedoch nur in Rheinhessen, am Kaiserstuhl und in Franken noch von größerer Bedeutung.

konträr zum tradierten Riesling-Purismus aus der Zeit der einstigen Hochblüte stand, als im späten 19. und in der ersten Hälfte des 20. Jahrhunderts die besten Nahe-Weine teils sogar teurer gehandelt wurden als Spitzen-Bordeaux! Damals konnte das Angebot die Nachfrage kaum befriedigen.

Nach dem Zweiten Weltkrieg verfiel man an der Nahe – ähnlich wie im benachbarten Rheinhessen – einer Massenhysterie und verdoppelte die Anbaufläche. Selbst Flach- und Tallagen wurden mit Massenträgern wie Müller-Thurgau, Silvaner oder Kerner bestockt, doch das Baden im süßlichen Erfolg sollte sich nicht auszahlen. Die Folgen eines auf kurzfristige Profitsteigerung ausgerichteten Denkens waren wirtschaftliche Schwierigkeiten, die die Nahe bis ins Mark trafen.

Als letztendlich ab 1990 im Zuge einer allgemeinen Weinkrise die Staatsdomäne Niederhausen-Schlossböckelheim nicht mehr die ihr zugedachte Führungsrolle spielen konnte und die meisten der heutigen Spitzenerzeuger noch nicht so weit waren, in die Bresche zu springen, blieben viele Weinlager voll. Nur wenige Güter wie Dönnhoff besaßen schon damals eine weltweit geschätzte Reputation. Ihr Anbaugebiet aber blieb vielen Verbrauchern profillos – und ist das zum Teil auch noch heute. Einen paradoxen Vorteil hatte der fehlende Assoziationscharakter allerdings: 1985 brachte im Zuge des Glykolskandals kaum jemand das Anbaugebiet Nahe in Zusammenhang mit dem dort ansässigen und in den Skandal verstrickten Direktvermarkter Pieroth.

Dass die Nahe 20 Jahre nach dem Glykolskandal nicht nur aus ihrem Tiefschlaf erwacht ist, sondern mit einer Vielzahl von originären Weinstilen höchster Qualität neben der Region Mosel-Saar-Ruwer eine Meinungsführerschaft in puncto Riesling eingenommen hat, grenzt für manche an ein Weinwunder. Tatsächlich ist es aber eben genau das nicht! Denn die Qualität und die Vielzahl höchst unterschiedlicher Weinstile hat sich über Jahre aufgebaut, und der Schlüssel für das Verständnis dieser im positiven Sinne höchst eigenwilligen Region liegt nicht nur in den weit aufgefächerten kleinklimatischen und geologischen Bedingungen, sondern auch darin, dass den Nahewinzern das Kämpfen gegen widrige Verhältnisse quasi im Blut liegt. Die kleine Region konnte, wie schon gesagt, nie auf ein eigenständiges Regionalimage zurückgreifen – sondern befand sich stets im Windschatten der größeren Regionen wie Rheingau, Rheinhessen, Pfalz und Mosel-Saar-Ruwer. Man musste sich also immer etwas mehr Mühe geben als etwa auf der anderen Seite des Rheins und war auch ungemein offen für Neuerungen und Verbesserungen.

Daher litt die Nahe auch nicht so sehr wie der Rheingau unter dem Autoritätsverfall einstiger Flaggschiffe und konnte sich schneller profilieren. Die Selbständigkeit und der Draht zum Kunden drückten sich auch in dem prozentual enorm hohen Anteil an Flächen aus, die direkt vermarktet werden. Zudem gibt es in dem Gebiet nur wenige Genossenschaften; ihr wirtschaftlicher Erfassungsgrad ist eher unbedeutend. So konnte sich in dem Zeitraum ab dem Ende der 1980er-Jahre in aller Ruhe und abseits der Touristenströme die eigentliche Stärke der Nahe entwickeln: ihre Vielfalt an Weinstilen originärer Qualität, deren markanter Charakter sich so wohltuend von so manchen »Micky-Maus-Weinen« abhebt, wie Helmut Dönnhoff sagt. In letzter Zeit geht der Trend an der Nahe weg vom »Probierstübchen« und hin zu den Burgundersorten, zum Rotwein und zum Riesling, der die höchst unterschiedlichen kleinklimatischen Bedingungen an der Nahe originär und spannungsreich ausdrücken kann.

»Wir haben die Fehler hinter uns, unter denen andere Gebiete später noch gelitten haben«, sieht das etwa Werner Schönleber in Monzingen, »durch unsere Randlagen konnten wir uns in aller Ruhe auf das Wesentliche konzentrieren: guten Riesling zu machen.«

Die Winzer am 50. Breitengrad arbeiten entlang von Grenzen, im Übergangsbereich zwischen Handeln und Geschehenlassen, in dieser vulkanisch geprägten Landschaft, wo beim Riesling alles möglich zu sein scheint – vom hochwertigen trockenen bis zum fruchtigen und edelsüßen Tropfen. Der Bodengeschmack bzw. die mineralische Würze im Wein ist hier so durchgängig markant wie sonst nur an Mosel-Saar-Ruwer. Eine besondere Spezialität sind die teils atemberaubenden Eisweine, die quasi im Polarkreis gewachsen zu sein scheinen.

Stilistisch unterscheidet man die untere Nahe, die sich von der Mündung bei Bingen bis nach Bad Kreuznach erstreckt. Hier finden sich sowohl Ex-Rübenäcker, die in den 1960er- und 1970er-Jahren in Weinanbauflächen umge-

Genossenschaften
Zusammenschluss von Traubenerzeugern zur gemeinsamen Verarbeitung und Vermarktung von Wein. An der Nahe spielen Winzergenossenschaften im Gegensatz zu Baden und Württemberg keine große Rolle.

Eiswein
Edelsüßer Wein, der aus dem hochkonzentrierten Most von Trauben gewonnen wird, die in natürlich gefrorenem Zustand gekeltert werden.

wandelt wurden, als auch steile, beeindruckend felsige Hänge in geschützten Seitentälern – wie etwa im Trollbachtal. Weiter flussaufwärts bringen die Erzeugnisse der mittleren Nahe vor allem aus dem Reben-Amphitheater rund um Schlossböckelheim einen feinen mineralischen Duft und besonders intensiven aromatischen Geschmack hervor. Von hier stammen zweifellos die berühmtesten Weine der Nahe. Das eindrucksvollste Panorama bietet der Lemberg oberhalb des schmucken Weinortes Oberhausen: Berühmte, ja legendäre Steil- und Steilstlagen wie die Niederhauser Hermannshöhle sowie die Schlossböckelheimer Kupfergrube scheinen fast zum Greifen nah.

Der obere Flussabschnitt schließlich, zwischen Schlossböckelheim und Martinstein, ist weniger felsig, dafür aber offener und lichter. Auch hier wachsen Spitzenweine – etwa bei Monzingen im Sobernheimer Becken –, die neben einem eleganten Säurespiel auch eine pikante, mineralische Note entwickeln. Ungemein bereichert wird diese Palette von den Gewächsen aus verschiedenen Seitentälern: etwa bei Bockenau, beim Disibodenberg im Glantal und, südlich von Bad Münster-Ebernburg, im Alsenztal, das früher ebenfalls eine blühende Weinkultur vorzuweisen hatte.

Alle drei Abschnitte und auch die historisch bedeutsamen Seitentäler bringen spektakuläre Weine hervor, die ebenso charakteristisch und typisch wie auch unterschiedlich sind. Dass das Terrain oft alle 100 Meter wechselt, macht den eigentlichen Reiz dieser urigen Landschaft und der facettenreichen Geschmacksnuancen im so köstlichen Nahe-Wein aus, der seinen Höhepunkt in den Rieslingen vom WEINGUT HERMANN DÖNNHOFF aus Oberhausen findet. Diese Weine machen vor allem eins: stoned! Man wird fast süchtig nach dem nächsten Schluck und schleckt dabei förmlich am Stein.

W ie kein Zweiter hat Helmut Dönnhoff den Stil des Gebietes geprägt und mit großer Zielstrebigkeit und feinem Gespür die fast verramschte Spätlese-Kategorie wieder reaktiviert – obwohl seit den 1980er-Jahren auch seine trockenen Weine zur Gebietsspitze gehören. Auch darin bildet der bodenständige und herzliche Musikliebhaber das entscheidende Bindeglied zwischen einer einst strahlenden, lokalen Weinbautradition und der modernen, globalen Weinkultur der *Cool Climates*, wo in bestimmten gemäßigt-

Weingut Hermann Dönnhoff
Bahnhofstraße 11
D-55585 Oberhausen
Tel. +49 (0)67 55/263
Fax +49 (0)67 55/10 67
E-Mail: weingut@doennhoff.com
www.doennhoff.com
Öffnungszeiten:
nach Vereinbarung

kühlen Klimazonen Rieslinge selbst in Australien mit feinem Süß-Säure-Spiel prächtig ausreifen können. Zweifellos, und das ist in diesem Fall gewiss nicht übertrieben, hat die Handschrift von Dönnhoff etwas Geniales, fern von allem Manierismus und jeglicher gekünstelten Marotte. Moderne, oft dogmatisch geführte Diskussionen hält der Nahe-Winzer für überzogen, denn »man hat schon vor 100 Jahren große Weine auch ohne Inox-Stahlbehälter gemacht«. Entscheidend ist für ihn einzig und allein der jeweilige Reifeverlauf. Um schnell auf alle mögliche Entwicklungen der Jungweine reagieren zu können, setzt er sowohl auf Stahltanks als auch auf Holzfässer.

Im Keller zählen für Dönnhoff vor allem absolute Sauberkeit, der Faktor Zeit und dass die Anforderungen, die jeder neue Jahrgang mit seinem völlig individuellen Reifeverlauf stellt, verstanden werden. Dönnhoff ist ein völlig undogmatischer Wein-Dirigent, der im Keller wie auch im Weinberg groß aufspielen kann. Und seine Wein-Kompositionen sind ebenso faszinierend wie seine Erzählungen, die davon berichten, welch kostbares Gut früher die Nahe-Rieslinge waren, die in solch einem nördlich gelegenen Terroir nur in wenigen Jahren ausreiften und bei den Dönnhoffs nur an den Festtagen auf den Tisch kamen.

Terroir
Französische Idee mit 1001 Definitionen. Der Ausdruck Terroir wird auch im deutschsprachigen Raum immer häufiger gebraucht, um den durch die Herkunft geprägten Charakter eines Weins zu erklären oder hervorzuheben.

Riesling ist für Helmut Dönnhoff vor allem »das Helle, der Frühling, das Frische«. Dieses Stück heiterer Gelassenheit, das in Deutschland mitunter einer bedrückenden Depression und vielleicht auch einem Misstrauen gewichen ist, ob man mit der Last der Geschichte richtig umgehen kann, strahlt Dönnhoff selbst ebenso aus wie seine fast moselanisch anmutenden Weine. Sie besitzen eine kristalline Klarheit und eine Frische, die einen so richtig durchatmen lässt. Stil und Ausdruck findet man selbst bei trockenen Weinen, die nur 11,5 Volumenprozent Alkohol haben! Geologische und aromatische Schichten öffnen sich hier Schluck für Schluck. Bereits im Kleinen, beim trockenen Riesling Tonschiefer, zeigt sich eine quicklebendige, federnde, jugendliche Heiterkeit, die quasi aus dem Glas zu springen scheint. Hier bindet zart cremiger Extrakt, nicht vordergründige Süße, die Säure ein.

Gehalt und mineralischer Ausdruck werden von Stufe zu Stufe ausdrucksstärker und feiner. Die Schlossböckelheimer Kupfergrube hat mit ihrer mineralischen Schießpulver-Würze enormen Charakter. Als Großes Gewächs keltert

Dönnhoff den Ausnahme-Riesling von 60-jährigen Reben aus der beinahe zeitlos alternden Niederhäuser Hermannshöhle von geradezu monolithischer Mineralität – aber mit einem bekömmlichen Alkoholgehalt. Die Aromenvielfalt von gelben und teils auch roten Früchten zeigt würzig-pikante Anklänge und ist eingebettet in eine natürlich gewachsene Eleganz. Gegen diese Giganten wirkt das Pendant aus dem Norheimer Dellchen charmanter, die Reben haben inzwischen ein Alter zwischen 15 und 20 erreicht, in dem »sie ernst genommen werden«, sagt Dönnhoff. Und wie! Charme bedeutet hier eine bezwingende Art voller Blütendüfte und aufrüttelnder Mineralität – ein würdiger Kontrapunkt zur Hermannshöhle.

Aus der Hermannshöhle kommt jedoch vor allem auch eine der beeindruckendsten zartsüßen Spätlesen des deutschsprachigen Raums, die in ihren Ausmaßen und ihrer Tiefe schier unbegreiflich ist. Wie kann feinste Spitze so aus Gestein gewoben sein? Wie kann in einem Glas solch eine zarte, klare, überwältigende Morgentaufrische mit einem kristallinen Licht gespeichert sein? Und wie kann ein derart überwältigender, rätselhafter Wein frei von jeglichem Pathos, übertriebenem Schnickschnack und Gekünsteltem sein?

Seit jeher genießt die Hermannshöhle an der Nahe einen legendären Ruf, weil von dort stets die langlebigsten, fast zeitlos scheinenden Weine kommen. Die Tiefe und die Subtilität dieses Weins bilden einen gordischen Knoten, den man am Gaumen Schluck für Schluck auflösen möchte – und in den man sich nach einer Flasche doch nur hoffnungslos verstrickt hat. Diese unzertrennliche Schlankheit und Kraft!

Noch filigraner sind die Spätlesen aus der Schiefersteillage Norheimer Kirschheck, wo die eher fruchtcharmanten Weine in der Tat eine gewisse poppige Kirschnote, aber auch eine zarte Mineralität zeigen. Verspielt in seiner Aromatik, aber noch komplexer (schwarze Johannisbeeren, weiße Blüten, kandierte Zitrusfrüchte und exotische Anklänge) tänzelt das Norheimer Dellchen, das aber auch eine feste mineralische Note hat. Diese rührt von vulkanischen Elementen, die sich in die Schieferterrassen mischen. In außergewöhnlichen Jahren keltert Dönnhoff aus einer an einen Halbmond erinnernden Parzelle eine Extra-Spätlese, die noch feiner, dichter und gleichsam puristischer in ihrem Ausdruck ist. Neu ist die Ries-

Links:
Ein geniales Gespür für Wein:
Helmut Dönnhoff.

ling Spätlese Krötenpfuhl von einem Südhang mit Qarzit und Kies, der bis nach Bad Kreuznach hineinreicht. Im Hang gibt es Quellen, die einen kleinen Teich (Pfütze = Pfuhl) bilden, in dem auch Kröten leben. Der Wein von dort ist gradlinig und elegant und duftet nach köstlicher Litschi. Gerade diese Spätlesen zeigen den Lagencharakter unverfälscht und bringen mit ihrem Raffinement das heitere Spiel von natürlicher Restsüße und eleganter Säure auf den Punkt. Darin zeigt sich vielleicht auch jene oft verloren geglaubte heitere Seite der deutschen Seele, wie sie einst Novalis, Brentano und auch Goethe verkörpert haben.

Auch wenn man nach dem Verkosten dieser Weine meint, bereits den Gipfelpunkt erreicht zu haben, so übertrifft in Jahren, in denen der Riesling bis weit in den Herbst hinein ausreifen kann, die Spitzenlage Oberhäuser Brücke das alles noch. Zeigen die unvergleichlichen Spätlesen gazellenartige Schlankheit und Kraft, so gewinnt nun die Opulenz die Oberhand, die in den besten Auslesen Goldkapsel und in den blitzsauberen Eisweinen von gewaltiger, berückender Schönheit sein kann. Legendäre Eisweine wie Montag, der an diesem Wochentag anno 1998 gelesen wurde, oder Dienstag 2004 sind magische Tropfen mit einem mächtigen Säurefundament. Wann wird die Woche voll?

Solche Tropfen sind ein rares Geschenk der Natur, die akribische Weinbergsarbeit und Mut zum Risiko erfordern, denn die Beeren hängen bis hinein in den Dezember oder Januar, in der Hoffnung, dass das Thermometer auf mindestens minus sieben Grad Celsius sinkt. Diese gewaltigen Geschöpfe stellen eine immense Herausforderung für die besten Nahewinzer dar und sind beinahe eine Lebensaufgabe! Aber Helmut Dönnhoff wie auch Werner Schönleber vom Weingut Emrich-Schönleber in Monzingen werden in Ausnahmejahren reichlich belohnt.

Bereits Johann Wolfgang von Goethe hielt die Lagengüte und Qualität der Monzinger Weine in seinen Reisenotizen fest. Doch erst Werner Schönleber, angetrieben vom Ehrgeiz, diese alte Wertschätzung wieder zu erreichen, hat in der Talweidung des Sobernheimer Beckens vor allem in den historischen Kernstücken der Lagen Frühlingsplätzchen und Halenberg durch viel persönliches Engagement die Erhaltung und Rekultivierung dieser Lagen vorangetrie-

Weingut Emrich-Schönleber
Soonwaldstrasse 10a
D-55569 Monzingen
Tel. +49 (0)67 51/27 33
Fax +49 (0)67 51/48 64
E-Mail: weingut@emrich-schoenleber.com
www.emrich-schoenleber.com
Öffnungszeiten:
Mo.–Fr. 8–12 und 13.30–17 Uhr,
Sa. 9–12 und 13.30–16 Uhr

ben. So wurde im »Projekt 2007« etwa 0,64 Hektar Halenberg wiederbelebt, die Geburt eines Spitzen-Weinbergs setzte einer 30-jährigen Verbuschung ein Ende. Indem er in seinen phänomenalen Rieslingen ihr wahrhaft großes Potenzial aufzeigt, hat er dem Monzinger Wein zum ihm gebührenden Ruhm unter Deutschlands besten Lagen verholfen. Typische Aromen für Werner Schönlebers Rieslinge sind reife Aprikose, mitunter geleehaft verdichtet, fester, weißer Weinbergspfirsich, ein Hauch von schwarzer Johannisbeere und Holunderblüte, Kräutern und weißen Blumen.

Die Lage Frühlingsplätzchen – *nomen est omen*, hier weicht der Winter immer zuerst von der Nahe in den Hunsrück zurück – verfügt in ihren besten Teilen über einen Schieferboden (blauer, teilweise auch roter und grüngrauer), der nur leicht mit rotem Lehm durchsetzt ist, und bietet geographisch einen wunderschönen Ausblick über das Sobernheimer Becken. Die Weine aus den Kernstücken des Frühlingsplätzchens schmecken so, als wären sie auf einer Alpenwiese unter blauem Himmel gewachsen, und sind, laut Schönleber, immer »früher geöffnet, stärker von Aromen gelber Früchte geprägt, aus feinstem Gewebe gewirkt, floraler und femininer als der Halenberg – Sinnlichkeit pur«.

Die kleinste Monzinger Lage, von der Schönleber mit vier Hektar den Löwenanteil hält, ist der legendäre Halenberg, eine Weinbergslage für absolute Kenner. Die Weine sind fest, in der Jugend verschlossen, aber durch und durch rassig-mineralisch. Sie brauchen Zeit zur Reife und entfalten dann ihre wunderbaren Aromen von Kräutern, Mineralien, Zitrusfrüchten, insbesondere Grapefruit, und eine enorme weinige Substanz. Der Boden besteht überwiegend aus blauem Schiefer, Quarzit und Kiesel, enthält kaum lehmiges Material und ist daher sehr leicht erwärmbar. Diese rassigen Gewächse lösen Emotionen aus, weil sie ein großartiges Terroir erschmecken lassen, bezaubern mit ihrer blumigen Finesse und mineralischen Würze – meilenweit weg von den Primärfruchtbomben und Rieslingjüngferchen mit ihren eingeplüschten Kuschelaromen.

Das eigentlich Sensationelle bei Schönleber ist jedoch die prachtvolle trockene Basisqualität, die bei vielen anderen Winzern schon die Spitze des Sortiments bilden würde. Der Gutsriesling schmeckt wie der Biss in einen reifen, knackigen Apfel, der auf einem Kräuterbett liegt. Dann folgt der

Schiefer
Durch enormen Druck entstandenes metamorphes Gestein aus dünnen, leicht spaltbaren Schichten. Es gibt viele Arten von Schiefer, die in Farbe und chemischer Zusammensetzung sehr unterschiedlich sind.

Werner Schönleber bringt den tiefgründigen Nuancenreichtum des Nahe-Rieslings präzise auf den Punkt.

puristische Mineral mit dem unwiderstehlichen Gletschergefühl. Abseits jeglicher Weinmode, mit geschliffener Zitrusfrucht und einer Gradlinigkeit und Spannung, wie man sie sonst kaum bekommt. Wahnsinn ist die Mineralität, die man in dieser Preisklasse sonst kaum erwartet. Die Lagenweine spielen auf der gleichen Klaviatur, steigern das Spiel jedoch noch. Der trockene Halenberg etwa legt seine weinige Substanz erst nach zwei, drei Jahren frei, während das Frühlingsplätzchen schon jung sinnlich und saftig schmeckt. Getoppt werden diese Weine nur durch die beiden Großen Gewächse, die zu Deutschlands Spitze zählen. Hier ist der Ausreifungsgrad noch einmal höher, die Selektion intensiver, die Beeren noch fruchtiger. Das Resultat sind Schönheiten, die das Rieslingspiel ohne burgundisch anmutenden Breitleinwand-Schmelz in glasklarer, feinnerviger Art zeigen. Der Halenberg mit Grapefruit und berückender Schiefernote, das Frühlingsplätzchen mit Steinobstfrüchten und Noten von Feuerstein. Aber Vorsicht: Diese sehnigen, klar definierten Schönheiten erschließen sich nicht auf den ersten Schluck, sondern wollen glasweise erobert werden!

Von jener tiefgründigen Substanz und einer präzise auf den Punkt gebrachten Sensibilität, die sich bis zum ganz langen Ende hinzieht, sind auch die fruchtigen Spätlesen, die durchaus Anklänge an feinen Moselwein wecken. Aromatisch, extravagant und feinwürzig schmeckt die Spätlese Rutsch, die aus einer Parzelle im Monzinger Frühlingsplätzchen mit Rotliegendem-Boden stammt und in besonderen Jahren separat abgefüllt wird. Ansonsten fließt der Ertrag in die schwungvolle Spätlese Frühlingsplätzchen mit ihren exotischen Aromen von Ananas und Maracuja ein. Getoppt wird sie nur noch durch die grandiosen, spontan vergorenen Spätlesen aus dem Halenberg – kandierte Zitrusfrüchte und frische Kräuter ruhen auf einem festen mineralischen Bett.

In den exzellenten Auslesen finden sich oft köstliche exotische Noten. Diese Aromen sind eingebunden in eine dichte, zartcremige Textur, reintönig herausgearbeitet und ungebändigt frisch. Eine feine, sehr prononcierte Säure katapultiert die Aromen quasi an den Gaumen und setzt ihrerseits die typischen mineralisch-würzigen Akzente, welche die Schönleber-Weine so unverkennbar, charakterstark und individuell machen. Den Höhepunkt der Weinmacherkunst bilden aber die Eisweine aus dem Halenberg, die herrlich goldgelb im Glas schimmern und mit ihrem fabelhaften Nuancenreichtum dabei klar wie Gletscherwasser sind.

All diese Weine sind Unikate, und ihre laserstrahlartige Brillanz und mineralische Pikanz wurzeln im Weinberg. Und so misstraut Werner Schönleber, der wie Helmut Dönnhoff Anfang der 1970er-Jahre in den elterlichen Betrieb eingestiegen ist und mit dem Jahrgang 1994 seinen Durchbruch feiern konnte, den Segnungen der modernen Kellertechnik, ohne sich ihr jedoch gänzlich zu verschließen. Seine unverfälschten Weine haben zwar meist einen »Durchhänger« im ersten Sommer, »kommen dann aber ab dem Herbst erst so richtig aus sich heraus«, wie Werner Schönleber meint. Äußerst behutsam und sensibel geht Schönleber, der mittlerweile von seinem Sohn Frank unterstützt wird, vor allem im Weinberg vor. Aufwendige Boden-

Spontangärung
Ohne Zugabe von Reinzuchthefen einsetzende Gärung, für die die so genannten Wildhefen bzw. Hefen der Kellerflora zuständig sind.

Textur
Bezeichnung für die im Mund gefühlte Beschaffenheit des Weins.

und Laubarbeiten, Ausdünnen der Triebe, späte selektive Lese mit der Hand sind obligatorisch. Es ist nichts Spektakuläres, was die Klasse dieser Weine ausmacht, es ist vielmehr das Zusammenspiel vieler kleiner Bausteine zu einem Ganzen. Und wie selbstverständlich nennt Schönleber auch Helmut Dönnhoff als eines seiner Vorbilder.

Das Schaffen von Werner Schönleber unterliegt letztendlich dem Grundsatz, das enorm ausgeprägte Terroir der Nahe möglichst unverfälscht, präzise und klar auf die Flasche zu ziehen – mit großer Leidenschaft und mit handwerklicher Sorgfalt. Und das in einem entlegenen Winkel abseits aller Touristenströme, wo auf steinigen Böden Weine mit ausgezeichnetem Alterungspotenzial wachsen, denen laut Werner Schönleber »eine natürliche Reduktion im Blut liegt und die Zeit brauchen, um so richtig aus sich herauszukommen«.

So richtig aus sich herauszukommen – das scheint für den wortgewaltigen und vor Energie sprühenden Armin Diel vom SCHLOSSGUT DIEL in Burg Layen das geringste Problem zu sein. Er ist Präsident des VDP-Nahe-Ahr, Co-Chefredakteur des »Gault Millau WeinGuide Deutschland«, Journalist und Winzer in einem und hat das überzeugende Große-Gewächs-Projekt an der Nahe entscheidend vorangetrieben. Dabei bildete eine alte und lange vergessene Weinbau-Karte von 1901 eine wichtige Grundlage für eine Lagenklassifikation, die an der Nahe bereits für den Jahrgang 1997 beschlossen wurde. Diese Karte teilte die in Preußen gelegenen Nahe-Weinberge in Wertklassen ein, für die der Grundsteuer-Ertrag ausschlaggebend war. Auf seinem Schlossgut keltert Armin Diel trockene und natursüße Rieslinge, in der Barrique ausgebaute weiße und rote Burgunder sowie flaschenvergorene Sekte – und meistert mit Kellermeister und Betriebsleiter Christoph Friedrich und Tochter Caroline diesen »vinologischen Fünfkampf«.

Seit 1802 bereits gehört der Familie Diel Burg Layen, deren Ruine mit ihrem Bergfried wie ein Ausrufezeichen gen Himmel ragt (und wegen des darauf angebrachten großen Leuchtschilds sehr gut von der A 61 aus zu sehen ist). Als Armin Diel 1987 den nicht gerade florierenden elterlichen Betrieb übernahm, standen auf acht Hektar Rebfläche nicht weniger als 26 verschiedene Rebsorten. Als Winzer war Diel,

Schlossgut Diel
D-55452 Burg Layen
Tel. +49 (0)67 21/96 950
Fax +49 (0)67 21/45 047
E-Mail: info@schlossgut-diel.com
www.schlossgut-diel.com
Öffnungszeiten:
Mo. bis Do. 9–16 Uhr,
Fr. 9–13 Uhr, Sa. und So.
nach Vereinbarung

VDP
Verband deutscher Prädikatsweingüter.

der Jura studierte und journalistisch tätig war, also ein Neuling und hatte nun die schwere Aufgabe, den angeschlagenen Betrieb kurzfristig wieder auf Vordermann bringen zu müssen. Dabei betrachtete er die Region mit einem eher distanzierten Blick von außen, was in deutlichem Kontrast zu Winzern wie Helmut Dönnhoff und Werner Schönleber stand, die sich ihre stilistische Sicherheit und ihr detailliertes Wissen über Jahrzehnte aufbauten. Diel schien sich dagegen eher an Vorbildern außerhalb der Nahe zu orientieren, etwa an Burgund und der Mosel. Und manchmal schmeckten einige seiner trockenen Weine, als seien sie tatsächlich in der Pfalz oder in der Wachau gewachsen. »Das aber kommt von den gänzlich verschiedenen Böden«, versichert Kellermeister Friedrich.

Seinen größten Erfolg erzielte Armin Diel jedoch pikanterweise mit einem der leichtesten Weine überhaupt: dem Eiswein. Zwei dieser Weine des Jahrgangs 1992 wurden vom Weinkritiker Robert Parker euphorisch beurteilt und bekamen 99 von 100 Punkten! Das war Balsam auf die Seele des Nahewinzers, und tatsächlich sind die puristischen, feinen und klassischen Weine voll ungehemmter Brillanz und bezaubernder Rasse seine besten. Sie erschließen sich eben gerade nicht immer auf den ersten Schluck, sondern besitzen zarte Traubigkeit, Spiel und Tiefe – wie etwa die 1998er Spätlese trocken aus der Steillage Burgberg, dessen Lehmboden mit Schiefer und Kieselsteinen durchsetzt ist. Diel räumt ein, von diesem Wein anfangs gar nicht so sehr begeistert gewesen zu sein, was nicht sonderlich überrascht, denn viele der besten Nahe-Weine bestechen gerade durch Ernsthaftigkeit, Tiefe und stilvolle Eleganz bzw. müssen reifen, um ihre wahre Größe zu zeigen.

Armin Diel ist es durch seine Gault-Millau-Tätigkeit gewohnt, viele Weine in kurzer Zeit zu degustieren. Vielleicht ist das ein Grund dafür, dass einige Weine vom Schlossgut Diel aus früheren Jahren auf den ersten Schluck zwar ungemein beeindruckten, dann aber Tiefe und Spannung vermissen ließen. Die 1998er Spätlese jedenfalls schmeckt danach, als sei sie tatsächlich auf einem Dorsheimer Boden gewachsen und nicht auf einem anderen Ort vom Planeten Wein. Sie zeigt neben Klarheit und Schliff köstliche Aromen von Litschi, Ananas und Grapefruit, aber ihre eigentliche Faszination kommt von der kühlen Saftigkeit und noblen Textur,

Im Trollbachtal wachsen trockene Rieslinge, die eine enorme Bandbreite an Geschmacksnuancen besitzen.

einer betörenden untergründigen Cremigkeit und vor allem von dem fruchtigen und distinguierten Säurespiel. Und da wird denn auch der Hausherr angesichts dieser Riesling-Klassik ganz still, schnuppert und schnüffelt und zeigt sich von seinem eigenen Wein angenehm überrascht – in solchen Momenten wird Armin Diels Liebe zum Nahe-Wein besonders intensiv spürbar.

Hier geht es eben um mehr Stein als Schein. Und so heißt der Gutsriesling auch Nahestein: fruchtig, kühl, charmant, lecker. Der trockene Dorsheimer ist ein fruchtfrischer Süffelwein mit gutem Harmoniepegel und einem erfrischenden Tick bissiger Mineralität. Burg Layen heißt sein feinherbes Pendant, der Charme des Frühlings in Weinform. Gehobener in seinen Ansprüchen ist der kleine Bruder der Großen Gewächse, der trockene Riesling Eierfels aus einer Parzelle zwischen Burgberg und Goldloch, wo ein Gesteinskopf wie ein aus dem Felsen geschlüpftes Ei ausschaut. Der Wein ist bei aller Dichte geradezu filigran am Gaumen und leitet hinüber zu den vier im großen Holzfass ausgebauten Großen Gewächsen, die immer präziser und charaktervoller in ihrem individuellen Ausdruck werden. Ein ungemein starkes Quartett, dessen Facetten in den letzten Jahren zu den schillerndsten im deutschsprachigen Raum zählten!

Ab dem Jahrgang 2004 wurden die Rieslinge aus dem Burgberg und Goldloch noch strenger selektiert, was der Klarheit und Dichte der Weine deutlich zugute kam. Im Gegensatz zu dem kraftvollen Burgberg ist das Goldloch aristokratischer, kühler, eleganter und durch seine knusprig prickelnde Säure auch hintergründiger. In ihm scheint der Glanz des silbernen Herbstlichts auf geradezu wundersame Weise eingefangen, und welches Raffinement hat der Geschmack der letzten köstlichen, gesunden Beeren des Jahres! Ein richtiger Strahlemann, und dies bringt auch der strahlende Goldloch-Sekt stilvoll perlend zum Ausdruck. Der mit einer dünnen Lehmauflage bedeckte Vulkangesteinsboden verleiht den Weinen ungemein viel aromensprühende Energie, während das fast schon moselanisch anmutende Pittermännchen mit dem Schieferboden, der mit Quarzit und Kieselsteinen durchsetzt ist, leicht rauchig, verspielt, zart und ganz eigen in seiner mineralischen Würze hervortritt.

Links:
Als Winzer oft unterschätzt und als Mensch eine schillernde Persönlichkeit: Armin Diel teilt sich ab dem Jahrgang 2006 die Arbeit mit seiner Tochter Caroline.

Großes Gewächs
Nicht gesetzlich geregelte und daher auf dem Etikett nur symbolisch dargestellte Bezeichnung für geschmacklich trockene Qualitätsweine von VDP-Betrieben und Mitgliedern des Bernkasteler Rings (Mosel), die gemäß eigenen Statuten und parzellenscharfer Lagenklassifikation seit dem Jahr 2003 (VDP) bzw. 2006 (Bernkasteler Ring) vermarktet werden.

Neu ist das Große Gewächs aus dem Schlossberg zwischen Burg Layen und dem Pittermännchen, wo der Schiefer besonders stark verwittert ist. Dies ist der supersaftige Strahlemann im Quartett, der ein gewinnendes Lächeln hat, aber kein aufgesetztes, sondern ein heiteres, natürlich wirkendes, das ganz von innen kommt. Nicht immer müssen tolle Rieslinge durch Komplexität und Tiefgang punkten, oft reicht eben auch, salopp gesagt, einfach nur eine richtig leckere Schlossberg-Frucht!

In der Spitze hat der als Winzer zweifellos unterschätzte Diel auch etliche edelsüße Rieslinge von teils extravaganter Eleganz und voller köstlich-changierender Duftnoten hervorgebracht – die Goldkapsel-Weine etwa kleiden das Gestein in Saft, Saft, Saft und haben zumeist die richtigen Ausmaße für die natürlich pulsierenden Aromen. Doch was ist mit der ungebändigten Frische in den munter-leichten Kabinettweinen? »Ich giere förmlich danach, dass die Leute endlich diese Weine trinken«, sagt Diel energisch, und tatsächlich erinnert der 2004er Burgberg an ein Seerosenbild von Monet und duftet herrlich nach weißen Blüten und Flieder. Das Pittermännchen verflüssigt hingegen die pure Schieferenergie, und der Goldloch bringt seine natürliche Traubensüße zum Funkeln und Blitzen.

Dass diese Rieslinge immer leisere, subtilere, nuanciertere Zwischentöne anschlagen, ist auch das maßgebliche Verdienst von Kellermeister Christoph J. Friedrich, der ein enormes stilistisches Fingerspitzengefühl zeigt. Ab dem Jahrgang 2006 teilt er sich die Arbeit mit der Mitinhaberin und Diplom-Önologin Caroline Diel, die in Neuseeland und Österreich ihren Horizont erweiterte und die Weinbergsarbeit weiter intensivieren möchte. Sie hat ein Faible für den biodynamischen Anbau, pflegt enge Beziehungen zum Winzernetzwerk »message in a bottle« in Rheinhessen und engagiert sich maßgeblich für die Vereinigung »Nahetalente«. Unter dem Motto »Wine on the Water« veranstalten alljährlich junge Gastronomen und Nachwuchstalente aus den acht Weingütern – Bamberger, Diel, Emrich-Schönleber, Gebrüder Kauer, Korrell, Prinz zu Salm-Dalberg, Johann Baptist Schäfer und Schäfer-Fröhlich – vor der malerischen Kulisse der Bad Kreuznacher Brückenhäuser eine rauschende Weinparty. Ein untrügliches Zeichen für den Generationswechsel und den Zusammenhalt in dieser faszinierenden Region.

Rechts:
An der Nahe wachsen frühlingshaft frische, sinnliche und heitere Weine.

Weißburgunder
Auch Pinot blanc, Pinot bianco genannt. Eine Mutation des Pinot noirs und im Anbau recht anspruchsvolle, weiße Rebsorte. An der Nahe hinter dem Riesling die zweitwichtigste Rebsorte für hochwertige trockene Weine.

Spätburgunder, Blauer
Rote französische Rebsorte Pinot noir. An der Nahe noch eine Spezialität, aber die Erfolge von Weingütern wie Schlossgut Diel (Rotwein) und Weingut Tesch (Rosé) ermutigen viele andere Betriebe.

Deutlich druckvoller und satter zur Sache geht es auf dem Schlossgut Diel hingegen bei den weißen Burgundern mit dem Victor als Flaggschiff zu, der in den letzten Jahren immer weniger intensiv vom Eichenholz geprägt ist. Wurde in früheren Jahren der Einfluss des Eichenholzes vielleicht zu stark betont, ist aktuell der Holzeinsatz diskreter, die Frische und die Traubigkeit können sich so besser entfalten. Hier zeigt sich eine Spielart des Nahe-Weins, wie sie noch vor wenigen Jahren kaum jemand für möglich gehalten hätte – die aber manchmal in puncto Holzeinsatz vielleicht auch etwas zuviel des Guten ist. Beeindruckender gerät der Weißburgunder, der mit seinem mineralischen Säurespiel im Nachhall, seiner an Äpfel erinnernden Frische und zartknackigen Lebendigkeit Schmelz und Pfiff vereint. Ein packender Spätburgunder ist der Pinot noir Caroline, der immer gradliniger und frischer schmeckt. Hier wird die Transparenz der Frucht und des Minerals richtig herausgearbeitet – das Holz dient zunehmend nur als Stütze. Sicher der beste Rote von der Nahe. Bereits vor 150 Jahren waren Teile der unteren Nahe Rotweingebiet, und Lagen wie Hölle, Johannisberg oder Rothenberg, mit ihrem steinigen Lehmboden, sind ideal für hochwertige Burgunder. So steht das Schlossgut Diel exemplarisch für die Entwicklung an der Nahe: vom Probierstübchen mit verstaubter Weinlaubromantik hin zum modernen Spitzenanbaugebiet mit Riesling, Rotwein, Burgundersorten und hochwertigen Schaumweinen. Die Cuvée Mo Brut Nature, ohne Dosage und im Champagner-Stil im kleinen, gebrauchten Holzfass ausgebaut, ist ein Beispiel dafür, welches Niveau Schaumweine hierzulande erreichen können. Feinste Perlage, gradlinige Frische, köstliche Briochenote, raffiniertes Perlenspiel: eine feinfruchtige Champagner-Alternative voller Raffinement!

Dönnhoff, Schönleber und Diel sind also ein echtes Faustpfand an der Nahe, zumal jeder von ihnen für einen bestimmten Flussabschnitt und unterschiedliche Weinstile steht. Alle drei haben sich ihre Position hart erkämpfen müssen, zumal die unselige Massenproduktion mit modernen, minderwertigen Sorten nach dem Zweiten Weltkrieg der Region fast den Garaus gemacht hat.

Umso mehr muss man den Mut einiger Spitzenwinzer wie Dr. Peter Crusius vom WEINGUT DR. CRUSIUS in Traisen bewundern, der ohne Getöse unbeirrbar an seiner Vision vom aufregenden, mineralischen Nahe-Wein feilt. Kernige Substanz und ausgefeilte Harmonie mit leisen Tönen im Inneren; eine zauberhafte Frucht nebst feinen Würz- und Kräutertönen machen seine Weine hinreißend markant. Wenn Crusius von seinen typisch stoffigen Nahe-Weinen spricht, dann geht ihm jedes Vorlaute ab, und wie sein Macher vereinen die Weine moselanisch-heitere Gelassenheit mit fast schon Pfälzer Fülle und Kraft, was auf die in diesem Abschnitt an der mittleren Nahe ideale Mischung zwischen Sediment und Gestein zurückzuführen ist.

Bereits seit dem 16. Jahrhundert ist die Familie hier ansässig, doch erst seit etwa 50 Jahren konzentriert sich der Crusius-Clan vorwiegend auf den Weinbau – ein deutlicher Qualitätsvorsprung gegenüber den erst später im Weinbau stärker engagierten Betrieben. Im Bereich der trockenen Rieslinge trumpfte bereits Hans-Joachim Crusius auf, der als erster Familienbetrieb an der Nahe in die Phalanx der Bad Kreuznacher Güter und der Staatsdomäne eindringen konnte. Er kelterte allerdings auch edelsüße Rieslinge und Eisweine von spektakulärem Format. Sohn Peter, ein promovierter Önologe, hat den Betrieb auf den neuesten Stand gebracht und in der Spitzengruppe an der Nahe etabliert. Sein Reich sind vor allem die vulkanischen und schieferverwitterten Böden rund um Traisen mit der spektakulären Traiser Bastei.

Am Fuß der höchsten Steilwand nördlich der Alpen krallen sich die Reben in schmalen Reihen in den Porphyr-Verwitterungsboden. Wanderfalken, Uhus und Eidechsen nisten in den Vorsprüngen, Einkerbungen und Spalten dieses *Jurassic-Parks* für Riesling. Die rassig mineralischen und rauchig würzigen trockenen und fruchtsüßen Spätlesen der Traiser Bastei strahlen etwas von dem urzeitlichen Zauber der mächtigen Felsen aus. Der souveräne, ungekünstelte Stil des Hauses zeigt sich zum Glück aber schon bei den Einstiegsweinen, insbesondere beim exzellenten Literwein HC mit seinen leckeren Zitrus- und Kräuteraromen und der dezenten Würze – endlich einmal ein richtig guter Literwein, der Lichtjahre entfernt ist von der ganzen Supermarkt-Brühe. Trinkspaß für kleines Geld im großen Volumen bietet aber auch der feinherbe Riesling-Liter, ein richtiger *charming boy*! Jeglicher gekünstelter Manierismus geht Peter Crusius bei seinen trockenen Burgundern ab. Ein Klassiker

Weingut Dr. Crusius
Hauptstraße 2
D-55595 Traisen
Tel. +49 (0)6 71/3 39 53
Fax +49 (0)6 71/2 82 19
E-Mail: Weingut-crusius@
t-online.de
www.weingut-crusius.de
Öffnungszeiten:
Mo. bis Sa. 9–17 Uhr
nach Vereinbarung

*Nachfolgende Doppelseite:
An der Nahe wurzeln die Reben
tatsächlich im kargen Stein:
Famoser Blick auf Bad Münster am
Stein-Ebernburg.*

Cuveé
In erster Linie ein Wein, der aus dem Verschnitt verschiedener Rebsorten zumeist eines Gebiets zusammengestellt wird oder aus verschiedenen Kelterungen derselben Sorte.

ist der Traiser Weißburgunder & Auxerrois von Porphyrverwitterungsgestein und lehmigem Löss. Frisch, leicht, fast luftig, elegant. Ein vollsaftiger Schluck Traubigkeit mit sanfter Milde. Conexxion steht für die Verbindung nicht nur der Rebsorten Weißburgunder, Auxerrois, Chardonnay und Grauburgundern, sondern auch für die Vermählung verschiedener Ausbaustile in einer vielschichtigen, gekonnten Cuvée, die bei allem Schmelz nicht mit Fruchtzitaten spart. Ein richtig guter Burgunder und Konsumentenwein, der einmal mehr zeigt, dass mittlerweile die Nahe bei den weißen Burgundern zu einer eigenen Sprache findet. Die inzwischen nahetypische Liaison zwischen Riesling und Burgunder komponiert Crusius sogar zu einem speziellen Wein, der viele Liebhaber hat und Säurefrische mit Schmelz und Milde paart: Traiser Weißburgunder & Riesling trocken. Innovativ, und etwas modernistisch bei der Wortwahl, zeigt sich das Gut auch bei den trockenen Rieslingen: Zero steht für die trockenste Variante, hat aber noch eine dezente Restsüße von wenigen Gramm. Purer Genuss mit kaum schmeckbarer Fruchtsüße. Top of the Rock ist der Name einer neuen Lagencuvée von hoher Lagerfähigkeit, die aus drei von Quarzporphyrfelsen dominierten Spitzenlagen delikate Aromatik nachhaltig entfalten lässt: Pfirsich, Melone, Zitrusfrüchte.

Bei den Großen Gewächsen geht Crusius ebenfalls seinen ganz eigenen Weg und möchte sich nicht festlegen. Je nach Jahrgangsgüte entscheidet er, aus welcher Lage ein solches kommt. Mal gibt es ein extravagantes Großes Gewächs Traiser Rotenfels mit vielschichtigen Steinobstaromen und mineralischer Würze, dann wieder eines vom hochfeinen, immens kalibrierten Felsensteyer. Auf der einen Seite nimmt Crusius die Philosophie des Großen Gewächses als Aushängeschild und Spitze der Qualitätspyramide der trockenen Rieslinge wahrlich ernst. Er bereitet jedes Jahr mehrere Weinberge für die Kategorie vor und sucht vor der Füllung den geeignetsten Weinberg aus. Die anderen Partien werden zum Rieslinglagencuvée Top of the Rock als bester trockener Wein aus den Felsenlagen kreiert. Andererseits wäre es spannend, die – geschmackliche – Entwicklung von hochwertigen Lagenrieslingen über Jahre nachzuvollziehen. Doch dann müsste Peter Crusius von seiner strikten Qualitäts-Philosophie abweichen und alljährliche mehrere Große

Gewächse auf den Markt bringen. Die Lagengüte dafür hat er jedenfalls, und möglicherweise würde es ihm der Konsument auch danken. So nimmt er jedenfalls im Nahe-Kontext eher eine Sonderstellung ein.

Auch zum Thema »Halbtrocken« bzw. »Feinherb« hat Peter Crusius eine eigene, ungewöhnliche, aber höchst respektable Meinung. Er möchte den Bürokratismus verringern und setzt auf Klarheit. Bei allen ehemals halbtrockenen Weinen finden sich neben Lage und Rebsorte der Restzucker auf dem Etikett: in römischen Zahlen! Dies sei insbesondere für den Verbraucher viel präziser. Besonders relevant ist dieses auch, weil gerade an der Nahe diese herbfruchtige, heiter beschwingte Spielart des Rieslings zu großer Form aufläuft und einen Schluck unbeschwerte Lebensfreude ausstrahlt. Je besser der Konsument weiß, was er trinkt, desto besser!

Zum Dessert gibt es bei Crusius, der auch Spitzenlagen wie Norheimer Kirschheck und Schlossböckelheimer Kupfergrube in seinem Programm hat, ebenfalls reichlich Auswahl. Die edelsüßen Jahrgangsspitzen, vor den exotischen Auslesen-Goldkapsel und den hochedlen Trockenbeerenauslesen aus dem Traiser Rotenfels, können grandios sein, verfeinern sich über zehn, 20 Jahre, und setzen jene klassischen Aromen von Kräutern, Mineralien, Rauch und Würze fernab jeder Jungfernfruchtigkeit frei.

Trotz fragwürdiger Exportschlager des deutschen Nachkriegsweinbaus wie die Liebfraumilch haben an der Nahe also einige Spitzenerzeuger, gleichsam im Windschatten der imposanten Steillagen, unbeirrbar an ihrer Qualitätsvision festgehalten und den Tanz auf dem Vulkan gewagt. Rückendeckung bekommen etablierte Winzer wie Peter Crusius von einer neuen, aufstrebenden, lebenslustigen und kultivierten Winzergeneration. »Die Zeit ist reif für trockenen Riesling«, meint etwa Martin Tesch vom WEINGUT TESCH aus Langenlonsheim, der sich trotz erheblichen Widerstands sein ureigenes Profil erarbeitet hat – in bester Nahe-Tradition –, und immer wieder motiviert ihn Helmut Dönnhoff, der früh erkannt hat, welche Substanz in dem jungen Weinmacher und seinen Weinen steckt.

»Das Weingut war ein riesiger, verrosteter Tanker, als ich 1997 angefangen habe«, erzählt der Mikrobiologe Tesch.

Feinherb
Analytisch nicht definierte Geschmacksbezeichnung für halbtrocken und herb schmeckende Weine in Deutschland. Wird von manchen Winzern aber auch zusätzlich verwendet, um mit einer weiteren Feinabstimmung noch mehr Verwirrung zu stiften.

Weingut Tesch
Naheweinstraße 99
D-55450 Langenlonsheim
Tel. +49 (0)67 04/9 30 40
Fax +49 (0)67 04/93 04 15
E-Mail: info@weingut-tesch.de
www.weingut-tesch.de
Öffnungszeiten:
nach Vereinbarung

Nahe

■ WEINANBAU　■ WALD　■ STÄDTE & DÖRFER

Weinlagen

Waldböckelheim

Schlossböckelheim

Königsfels

Felsensteye

Niederhauser

Felsenberg

Kupfergrube

Nahe

Rosenheck

Boos

Steinberg

Hermannsberg

Kertz
Klamm

Brücke

Oberhausen
an der Nahe

Hermannshöhle

Leistenberg

Lemberg ▲
420m

Duchroth

41

Bad Kreuznach

Hüffelsheim

Rotenfels

Felseneck

Traisen

Rotenfels ▲

Rotenfels

Rotenfels
Bastei

Kafels

Dellchen
Kirschheck

Norheim

Ebernburg

Bad Münster
am Stein

48

Feibingert

Norden

1 km

»Wir machen genau das Gegenteil des önologischen Fünf-kampfes: sechs Weine machen 85 Prozent unseres Angebots aus. Dabei hatten wir früher eine Struktur wie jeder andere Nahe-Betrieb auch. Doch dann habe ich die Motorsäge angesetzt. Wir sind durch konsequente Reduktion zu dem geworden, was wir heute sind!«. Das ist ein beeindruckendes Statement nicht nur an der Nahe, wo einige Gutsprospekte wegen ihrer Fülle der angebotenen Weine gleich mehrfach aufzuklappen sind!

Vinifikation
Der gesamte Prozess der Weinbereitung vom Keltern bis zum Vergären des Mosts.

Fünf trockene Riesling-Spätlesen bilden den Kern von Teschs Sortiment, die Trauben dafür werden zu fast dem gleichen Zeitpunkt geerntet und gleich vinifiziert werden. Die Unterschiede kommen nur aus der Lage. Um diese auch optisch stärker zu kennzeichnen, prangen auf den Flaschen bunte Etiketten und Kapseln, frei nach dem Motto von Walter Gropius: »Bunt ist meine Lieblingsfarbe.« So steht der grüne, nach Apfel schmeckende Löhrer Berg für »fruchtbare Tonböden durchsetzt mit Flusskies« und für »fruchtigen Riesling mit sanftem Charakter«. 1688 wurde die laut Martin Tesch »älteste Nahe-Lage« erstmals erwähnt. Sonne und Gelb symbolisieren die Laubenheimer Krone, ein herzhafter, kraftvoll leuchtender Rieslingtypus. Mit fossilen Muscheln hingegen ist der Königsschild durchsetzt, ein »homogener Boden, Südhang«. Demzufolge weckt die blaue Farbe Assoziationen an ein azurfarbenes Meer, und die frische, elegante, klare Frucht lässt ein Gefühl von luftiger Weite aufkommen. Rot ist bei Tesch der Laubenheimer Karthäuser, wo der Riesling auf Rotliegendem gedeiht und tiefgestaffelt, vielschichtig und ausdrucksstark gerät. Auf dem vulkanischen Boden des Laubenheimer St. Remigiusbergs wächst der vielleicht beste trockene Riesling des Hauses: ein komplexes Gebilde, ein verschachtelter Raum voller kleiner, reifer Früchte – dabei durch und durch mineralisch. Eine knallige Orangefarbe signalisiert die vulkanische Herkunft. All diese Weine beziehen ihre Brillanz aus ihrer Säure, die reif, knusprig und präsent ist – aber nicht scharf oder hart schmeckt. Denn Säure ist nicht gleich Säure. »Wir arbeiten im Weinberg sehr viel an der Säure«, sagt Tesch weiter, »und dazu gehören niedrige Erträge, die richtige Rebenernährung und die passende Laubpflege. Aber um das gut hinzukriegen, braucht man 20 bis 30 Jahre!«

Martin Tesch weiß, dass seine konsequent trockenen Rieslinge mit ihrer dezenten Härte und inneren Festigkeit polarisieren, doch ist Nahe-Riesling für ihn immer auch ein Nischenprodukt, das sich nur durch Identität und Charakter im globalisierten Zeitalter behaupten kann. Dabei möchte der Langenlonsheimer, der sich selbst mit einem Augenzwinkern »den besten Wein-Verkäufer westlich von Wladi-

wostock« nennt, sich mit Terroir-Weinen gegenüber den oft nach Standardrezepten vinifizierten Modeweinen abgrenzen. Am deutlichsten kommt seine Philosophie bei seinem Riesling-Unplugged zum Ausdruck: »Das Prinzip Unplugged steht im Zeitalter der Massenprodukte für die Besinnung auf handwerkliche Fähigkeiten, und es ist im Grunde der alte Naturweinabfüllungswitz, aber neu erzählt!«

Bei Martin Tesch rockt die Nahe mit bunter Vielfalt.

Die Bezeichnung »Unplugged« stammt aus der Musikbranche und steht für Musik »ohne Stecker«. Beim Wein bedeutet dies: so naturrein wie möglich, und dies entspricht der deutschen Tradition des nicht angereicherten Naturweins von vor 100 Jahren. Und einen individuellen Riesling »ohne Geschmacksverstärker und mit extrem technikreduziertem Ansatz« macht Martin Tesch zweifellos. Dieser Riesling ist das genaue Gegenteil eines durch Aufzuckerung, Aromatisierung, Mostkonzentration oder Entsäuerung, künstlich tiefer gelegten Powerweins und wird mit seinen etwa zwei Gramm Restzucker aus vollreifen Trauben gekeltert, ohne Einsatz von Herbiziden, Insektiziden und mineralischem Dünger. Hier steht zudem – auch das ist typisch Nahe! – die echte Trinkfreude im Vordergrund, und daher hat Martin Tesch dem »Unplugged« auch ein Zitat der Rockband AC/DC mit auf den Weg gegeben: »Going down, party time, my friends are gonna be there, too.«

Der Einsatz von Stahltanks und Reinzuchthefen stellt für Tesch nicht das geringste Problem dar, und das unterscheidet ihn grundsätzlich von einigen Protagonisten möglichst »wilder Weine«, wie Roman Niewodniczansky vom Saar-Weingut Van Volxem oder auch Peter Jakob Kühn aus dem Rheingau, der sogar mit dem Ausbau in Amphoren experimentiert. Nein, Hefe ist für Martin Tesch lediglich der Katalysator, um den Most in Wein zu verwandeln. Und um diesen durchgären zu können, brauche man eine verlässliche Hefe. Außerdem stammten viele der so genannten Terroir-Aromen sowieso von Kellerhefen und nicht aus dem Weinberg, argumentiert Tesch, dem es darum geht, die Technik auf ein vernünftiges Maß zu reduzieren und sie nicht aus Fanatismus abzulehnen. So bleibt im »Unplugged-Prinzip« der Geschmack der vollreifen Trauben und des Bodens jenseits einer beeindruckenden Primärfruchtigkeit erhalten, und die innere Festigkeit, die Spannung des trockenen Rieslings kann sich am Gaumen voll entfalten. Tatsächlich zeigt dieser Wein die nackten Tatsachen des Rieslings, der für Tesch ein kompaktes, sehniges Getränk ist, das einen hohen Erinnerungswert hat.

»Das erdverbundene Kichern des Rieslings bekommt man bei den trockenen Weinen genauso hin«, sagt der konsequente Weinmacher, wobei die Reben in diesem Nahe-Abschnitt bereits von dem milden Rheinklima profitieren,

Reinzuchthefe
Gezüchtete, genetisch homogene Gärhefe. Reinzuchthefen können Gärfehler verhindern helfen.

Amphore
Gefäß aus Ton. In der Antike wurden in Amphoren nicht nur Weine vergoren und gelagert, sondern Flüssigkeiten aller Art.

trotz Festigkeit richtiges Volumen entwickeln und auch etwas weiter vergoren werden können. Es geht um die im positiven Sinne »urdeutsche« Seite des Rieslings. Und das
heißt bei aller Kraft auch durchaus schlank und fest in den
Weinen zu bleiben, denn »das fällt anderen Weinnationen
schwer«. Dank der Balance zwischen Extrakt und Säure,
Reife und Kraft entwickeln sich die Weine ausgezeichnet –
brauchen sogar einige Zeit, um ihr mineralisches Säurespiel
zu entfalten, und fangen erst im Spätherbst nach der Lese an,
ihren Charakter anzudeuten. Eben seriöser Riesling, also
ernstzunehmender, deutscher Rheinwein mit gebündelter
Kraft, aber ohne Schwere.

Zweifellos rockt hier die Nahe, und der St. Remigiusberg
ist geschmacklich der Ritt auf dem Vulkan, aber es ist
Deutsch-Rock und befreit von jeglichen vorlauten Tönen,
überflüssigem Schnickschnack – und Kraut. Frei nach dem
Motto der Pop-Band »Wir sind Helden«: »Wir gehen nicht
mehr weg/Gekommen um zu bleiben/Wie ein perfekter
Fleck…« Trotz buntschillernder Leuchtkraft sind es keine
aufgesetzten Farben, und so gradlinig wie Tesch ist, so wenig wird er sich von seinem Weg abbringen lassen, weiter an
der Riesling-Revolution an der Nahe feilen.

»Inzwischen gibt es eine Menge Leute, die eigene Kon-
zepte durchbringen«, sagt der Langenlonsheimer und verweist respektvoll auf die stilistische Vielfalt, nicht nur an der
Nahe, sondern auch im Winzerort Langenlonsheim selbst.

*Kleine Traubenbehälter ermög-
lichen es, die Beeren schonend
und nahezu ungequetscht zu
transportieren.*

Nur ein paar 100 Meter weiter vom Weingut Tesch
liegt das WEINGUT BÜRGERMEISTER WILLI SCHWEIN-
HARDT NACHF. Der Betrieb ist mit 36,5 Hektar und einer
Jahresproduktion von 300 000 Flaschen einer der größten
an der Nahe, und 90 Prozent werden in bester Nahe-Manier
an Privatkunden verkauft. Schwerpunkt sind Rieslinge und
Burgundersorten, wobei das Gut auf eine lange Rotwein-
Tradition zurückblicken kann. In der Tat gehören etwa die
sehr konzentrierten, kraftvoll zupackenden trockenen Auslesen vom Früh- und Spätburgunder mit ihren Kirsch- und
Erdbeeraromen zu den beeindruckendsten der Region, und
auch die Weißen Burgunder – insbesondere die Spätlese trocken – zeigen eine saftstrotzende Eleganz mit feinen Apfel-
und Quittenaromen.

Doch auch hier sind die Fortschritte am deutlichsten

**Weingut Bürgermeister Willi
Schweinhardt Nachfolger**
Heddesheimer Straße 1
D-55450 Langenlonsheim
Tel. +49 (0)67 04/9 31 00
Fax +49 (0)67 04/93 10 50
E-Mail: info@schweinhardt.de
www.schweinhardt.de
Öffnungszeiten:
Mo.–Fr. 9–12 und 13–18 Uhr,
Sa. 10–12 Uhr und nach
Vereinbarung

beim Riesling zu spüren, dessen Anteil noch steigen soll. »Ich möchte in den Weinen die Aromatik des Mostes erhalten, der von der Kelter läuft«, sagt der engagierte Betriebsleiter und Kellermeister Axel Schweinhardt, der mit seinem Vater Wilhelm den Familienbetrieb führt. Darin drückt sich der Respekt vor dem Wert der Traube aus, und es gelingt in diesem mit viel Einsatz und Qualitätsbewusstsein geführten Gut immer besser, die feinen Fruchtaromen auf die Flasche zu ziehen und den Ausdruck weiter zu steigern. Klar, herrlich direkt, mit lebendigen Apfel- und Ananasaromen steckt das Lächeln des einfachen Riesling-Qualitätsweins an, während die beiden trockenen Spätlesen aus dem Langenlonsheimer Königsschild und dem Langenlonsheimer Rothenberg bereits die Tiefgründigkeit des großen Bruders Terrasse, ebenfalls aus dem Langenlonsheimer Rothenberg, anstimmen: Ein kleiner Teil der Lage Rothenberg ist von alten Weinbergsmauern umsäumt. Der lehmig steinige, mit Quarzit durchsetzte rotliegende Boden verdichtet die Aromen – Früchte von Pfirsich, Apfel, Aprikose und Maracuja – wie ein Turbokompressor und fördert den Geschmack des Bodens durch hohe geschmackliche Energie ins Glas. Das ist Riesling pur!

Noch energiegeladener und konsequenter geht Tim Fröhlich vom WEINGUT SCHÄFER-FRÖHLICH in Bockenau zur Sache. Der junge, energische Aufsteiger hat bereits 1995 die Verantwortung im Keller übernommen und bildet mit seiner Familie ein echtes Dreamteam! Fröhlichs Rieslinge, deren Anteil durch Zukäufe mittlerweile auf etwa 75 Prozent gestiegen ist, haben eine exemplarisch kristalline Frische, die aus den Achttausendern des Himalaja zu kommen scheint. Die trockenen Rieslinge sind wie der Sprung in eine Gletscherspalte oder sprudeln wie ein Gebirgsbach, und die Edelsüßen betören mit geradezu explosiver Finesse. Tim Fröhlich sucht weniger die verspielte Eleganz, sondern setzt auf kompromisslos geradliniges Frucht-Säure-Spiel und laserstrahlartig gebündelte Rieslingenergie.

Auch er hat schmelzige Burgunder (die 2005 einen Quantensprung nach vorn gemacht haben!) und seidige Rotweine in petto, arbeitet aber beim Riesling eine atemberaubende Mineralität heraus, die ebenfalls ganz klar *stoned* macht. Beim Schwenken des Glases kann man die Steine förmlich klappern hören! Neben der »Hauslage«, dem Bockenauer

Weingut Schäfer-Fröhlich
Schulstraße 6
D-55595 Bockenau
Tel. +49 (0)67 58/65 21
Fax +49 (0)67 58/87 94
E-Mail: info@weingut-schaefer-froehlich.de
www.weingut-schaefer-froehlich.de
Öffnungszeiten:
nach Vereinbarung

Felseneck, haben die Fröhlichs auch Parzellen im Monzinger Halenberg, im Frühlingsplätzchen und im Schlossböckelheimer Felsenberg erworben und keltern aus diesen
erstklassigen Lagen vier wie mit dem Lineal gezeichnete
Große Gewächse, die sich frappierend voneinander unter-
scheiden. Das Frühlingsplätzchen ist verspielt, der Halenberg rassig und das Felseneck vor allem von reifen Fruchtaromen bestimmt und der Felsenberg mineralisch-würzig –
bei aller Stoffigkeit gradlinig und pikant im harmonischen
Säurespiel. Auch hier steigert sich die Qualität vor allem
durch penibelste Weinbergspflege, wo in aufwendiger
Handarbeit besonders kleine, gesunde, goldgelbe und dick-
schalige Beeren mit einer strotzenden Aroma-Intensität immer akribischer gelesen werden.

   Federleicht und fröhlich trotz ihrer Konzentration schmecken hingegen die Spätlesen mit natürlicher Traubensüße,
und die Auslesen bis hin zu den famosen, klarfruchtigen und
reintönigen Eisweinen bewahren all diese Tugenden auf einem noch höheren Niveau. Klebrige, breite Botrytisnoten
fehlen, stattdessen packen bezaubernde Länge und filigra-
nes Spiel – auch bei den Einstiegsweinen, die keine falschen
Kompromisse eingehen und richtig Leben auf die Zunge
bringen. Und Rieslinge wie die 2005er Bockenauer Felseneck Trockenbeerenauslese Goldkapsel an der Spitze sind geradezu himmlisch: vollkommene Größe, brillantes Säurespiel und Fruchtaromen wie eine Sternenexplosion. In ihrer
Machart spiegeln die Weine das Terroir wie auch den Charakter ihres überaus wachen Winzers wider, der vor Nahe-
Riesling-Euphorie geradezu strotzt.

*Die Naheweine sind oft noch echte
Geheimtipps, die Region ein
Gebiet für wahre Connaisseurs.*

Diese aufregenden Weine zeigen gleichsam, dass selbst
   in nördlichsten Gefilden der Riesling nicht immer un-
mittelbare Flußnähe braucht, um zu wirklicher Größe ausreifen zu können. Doch das hat fast schon keine Bedeutung
mehr, denn in den Seitentälern der Nahe wie dem Alsenztal,
das früher zur Pfalz gehörte und eine größere Anbaufläche
als die Ahr aufwies, ist der Weinbau fast zum Erliegen ge-
kommen. Aber nur fast. Denn tief drin im wildromantischen
Tal, an einem munter sprudelnden Bach mit nach Insekten
schnappenden Forellen, liegt eine kleine Weinbau-Oase: das
ökologisch arbeitende WEINGUT HAHNMÜHLE in Mannweiler-Cölln. Ein wahres Kleinod, das seinen Strom von der

Die Nahe schmecken

TONSCHIEFER RIESLING TROCKEN
Weingut Hermann Dönnhoff/Oberhausen

Das ist ein Musterbeispiel der federleichten, trockenen deutschen Kabinettkultur: bezaubernde helle, reine, klare Frucht; zartcremiger Extrakt, der die saftige Fruchtsäure köstlich einbindet. Aprikosengeflüster von der Nahe!

MONZINGER HALENBERG RIESLING TROCKEN
Weingut Emrich-Schönleber/Monzingen

Ruhelos kreist der Falke im Glas und packt am Gaumen entschlossen zu. Dieses Gefühl vermittelt der energiegeladene Halenberg! Es ist seine mustergültige Rasse, die dem dramatischen Auftritt von Zitrusfrüchten, insbesondere Grapefruit, Mineralien und Kräutern Grandeur verleiht. Ein großer Wein.

DORHEIMER RIESLING TROCKEN
Schlossgut Diel/Burg Layen

Die sinnliche Anziehungskraft des Spiels zwischen pikanter Säure und fruchtigem Charme findet sich in diesem luxuriösen Alltagswein, der nicht aufgesetzt wirkt, sondern einen festen Nukleus hat. Außen die zarte Haut von köstlichem Weinbergspfirsich sowie Aprikose und innen drin eine dezente, mineralische Kühle.

BOCKENAUER FELSENECK RIESLING SPÄTLESE
Weingut Schäfer-Fröhlich/Bockenau

Für Tim Fröhlich sind glasklare Aromen, federnde Spannung und vitale Traubigkeit aus gesundem Lesegut oberstes Gebot. Verblüffende Leichtigkeit, aber nichts Leichtsinniges zeigt diese Verkörperung einer großen, deutschen Spätlesetradition, die an der Nahe einen Höhepunkt findet.

LAUBENHEIMER ST. REMIGIUSBERG RIESLING SPÄTLESE TROCKEN
Weingut Tesch/Langenlonsheim

Durchgegoren, rassig, fest und mineralisch angelegt ist diese Spätlese. Zweifellos rockt hier die Nahe! Martin Tesch legt die nackten Tatsachen des Rieslings frei: minimalistische Weinkunst von der Nahe ohne Eingriffe in das innere Gefüge des Weins. Schön knallorangefarben.

hauseigenen Wasserkraftanlage bezieht. Und auch die Weine wirken sehr energiegeladen, voller vibrierender innerer Spannung und geschmeidiger, traubiger Frucht.

Sie sind stoffig und von einer feinstrahligen Mineralität durchzogen. In puncto Silvaner und Traminer macht dem Ehepaar Linxweiler niemand etwas vor, und vor allem die hellgoldenen, kompakten und vor saftigen gelben Früchten strotzenden trockenen Silvaner sind herzhafte Alltagsweine. Eine Spezialität ist hier der seltene Blaue Silvaner, der im Alsenztal eine traditionsreiche Sorte darstellt und noch dichter, konzentrierter und voller als das grüne Pendant ausfällt. Der trockene Gemischte Satz Cöllner Rosenberg aus Traminer und Riesling ist ein Klassiker, der mit seinem zauberhaften Rosenaroma einen Hauch von orientalischer Würze versprüht. Mit feinem Blütenduft und einer filigranen Schiefernote trumpft die trockene Riesling-Spätlese Alisencia auf. Das Weingut Hahnmühle führt souveräne Ökoqualität vor mit moderaten Preisen. Diese Weine eignen sich ideal zum täglichen Brot – obwohl sie durch ihre feine Stoffigkeit fast schon näher zur Pfalz rücken.

Überhaupt die Preise – angesichts der oft ganz erstaunlichen Qualitäten sind diese wegen des überregionalen Imageproblems des Alsenztals für wahre Weinfreunde oft erstaunlich günstig – was aus Sicht der Verbraucher sicher ein Segen, aber für so manchen Winzer vielleicht eher ein Fluch ist (Stichwort: wirtschaftliche Nachhaltigkeit). Eine richtige Fundgrube für günstigen Wein mit Charakter stellt auch das WEINGUT JOH. BAPT. SCHÄFER in Burg Layen dar. Der junge Sebastian Schäfer gehört zu den großen Winzertalenten an der Nahe und ist vis-à-vis vom Schlossgut Diel gerade dabei, sich einen Namen zu machen. Bereits auf der Bad Kreuznacher Weinbauschule misstraute er dem Standardrezept für das Weinmachen: Reinzuchthefen, Stahltanks, technisch sauberer Ausbau – 100-prozentige Sicherheit, bloß kein Risiko eingehen. Aber Schäfer, der seit 1997 den elterlichen Betrieb übernommen, die Etiketten modernisiert und den Schwerpunkt mittlerweile auf Riesling gelegt hat, besitzt Mut zum Risiko, auch Mut zum Ausdruck und zur Konzentration auf das Wesentliche: Das drückt sich in der Anziehungskraft seiner Rieslinge aus, die auch fruchtig und vor allem edelsüß überragend sein können – wenngleich noch nicht auf homogen hohem Niveau.

Weingut Hahnmühle
Alsenzstraße 25
D-67822 Mannweiler-Cölln
Tel. +49 (0)63 62/99 30 99
Fax +49 (0)63 62/44 66
E-Mail:
info@weingut-hahnmuehle.de
www.weingut-hahnmuehle.de
Öffnungszeiten:
Mo.–Fr. 9–12 und 14–18 Uhr,
Sa. 9–16 Uhr

Weingut Joh. Bapt. Schäfer
Burg Layen 8
D-55452 Burg Layen
Tel. +49 (0)67 21/4 35 52
Fax +49 (0)67 21/4 78 41
E-Mail: schaefer@jbs-wein.de
www.jbs-wein.de
Öffnungszeiten:
nach Vereinbarung

Sebastian Schäfer ist ein Mann mit ungebändigtem Selbstbewusstsein, der sich nicht scheut zuzugeben, dass der eine oder andere Wein kein Volltreffer war. Aber Spontangärung, nicht zu kühler Ausbau im Holz – das ist nicht risikolos. Der Jahrgang 2004 brachte schließlich den Durchbruch für den jungen Winzer, obwohl die Trockenbeerenauslesen aus dem Pittermännchen, seiner zweiten Dorsheimer Paradelage, schon aus dem Jahrgang 2003 derart energiegeladen sind, dass sie am Gaumen eine wahre Supernova auslösen. Und eben genau das ist das Beeindruckende an dem jungen Winzer: Er gehört einer neuen Winzergeneration an, die ihre trockenen Weine während der Gärung nicht mit Kälte foltert, nur um die Primärfruchtrakete zu zünden – aber das ist längst noch nicht alles: Schäfer macht auch wunderschöne fruchtige Weine, wie etwa die 2001 Riesling Spätlese aus dem Goldloch, deren fruchtige Säurespitzen den Gaumen derart intensiv kitzeln, dass man einfach nur noch »lecker« sagen kann. Das pure Gegenteil eines banalen Fruchtzwerges ist die Goldloch Auslese: saftige Litschi, süße, eingelegte Aprikosen, kandierte Zitrusfrüchte und viel Spiel. Ein Lächeln ins Gesicht und herrlich süffige Frucht an den Gaumen zaubert der Kabinett aus dem Pittermännchen, aber das ist längst noch nicht alles: im Kern vibriert eine geheimnisvolle mineralische Schiefer-Würze.

Bei den trockenen Rieslingen hat Schäfer weiter zugelegt. Mit ihrer glasklaren Frucht *singen* sie – und das beginnt bereits beim Vom Kieselstein, steigert sich weiter über den Dorsheimer bis zu den Lagenweinen aus Goldloch und Pittermännchen, bei denen sich der Ausbau im Holzfass bezahlt macht. Der Classic hat eben genau diese Geradlinigkeit und Konzentration, die dieser Kategorie in Deutschland oft fehlt, und die Selections-Weine aus dem Goldloch und dem Pittermännchen steigern sich von Jahrgang zu Jahrgang: Die Reben-Staubsauger scheinen immer mehr Mineralstoffe und Extrakte aus dem Boden aufzunehmen!

Genau ins Schwarze treffen auch Winfried Korrell und sein Soh Martin vom WEINGUT KORRELL JOHANNNESHOF in Bad Kreuznach-Bosenheim.

»Die Traube ist der Anfang von allem«, heißt das Credo des Aufsteigers Martin Korrell, und den Wert der Traube schmeckt man in seinen Weinen. In einer einstigen Hoch-

Rechts:
Jurassic-Park des Rieslings und
typisch Nahe: Zu Füßen der
höchsten Steilwand nördlich der
Alpen krallen sich die Reben in den
steinigen Boden der Traiser Bastei.

Weingut Korrell Johanneshof
Parkstraße 4
D-55545 Bad Kreuznach
Tel. +49 (0)6 71/6 36 30
Fax +49 (0)6 71/7 19 54
E-Mail: weingut@korrell.com
www.korrell.com
Öffnungszeiten Vinothek:
Mo.–Fr. 10–12 und 14–18 Uhr,
Sa. 10–12 und 14–16 Uhr

burg des Nahe-Weins findet sich endlich jemand, der im Familienverbund wirtschaftet und um die Frucht der Mühe im Weinberg weiß. Wie sonst kämen die flirrenden Aromen und die glasklare Fülle in den Wein?

So makellos wie die Beere schmeckt, so gut wird später auch der Wein. Das ist ein unumstößliches Gesetz in der nicht immer so heilen Weinwelt. Denn leider sind auch an der Nahe nicht viele Weinberge so gut in Form wie bei Korrell. Riesling ist auch bei ihm die Hauptsorte. Er wächst etwa im Kreuznacher Paradies, das früher zu Rheinhessen gehörte und erst später eingemeindet wurde. Und tatsächlich ähneln die Kalkböden hier manchen im rheinhessischen Wonnegau. Das trockene Spitzengewächs tritt mit souveräner Kraft und reichlich viel Frucht auf. Es zeigt neben einer erregenden Erdigkeit Noten von kandierten Zitrusfrüchten, Grapefruit, Quittengelee und exotische Anklänge an Guave und Passionsfrucht. Abgefedert wird die Fülle von einer zartherben Würze, die an Senfkörner erinnert und dem Wein Halt gibt.

In dem Trio der drei trockenen Spitzen-Rieslinge ist das Kreuznacher Paradies für viele Verkoster der Star, obwohl die Pendants In den Felsen und Königsfels keineswegs schlechter sind – nur eben wegen des vulkanischen Gesteins der Schlossböckelheimer Lagen puristischer, fester und mineralischer. Der Königsfels schmeckt, wie er heißt: nach Stein, aber was für ein Stein ist das! Einer, der in satte Cremigkeit getaucht ist und der im Nachhall Anklänge an eine pikante, animierende, leicht pfeffrige Würze weckt. Im Glas zeigt sich eine ungemein feinstrahlige Mineralität, die den Wein durchzieht und die eleganten Fruchtaromen von Limette, Kiwi und Apfel zart unterstützt. Am puristischsten schmeckt jedoch der »In den Felsen«: mit aufregenden Kräuter- und Würznoten, sehr hell in seiner Erscheinung, mit Aromen von weißen Blüten, Weinbergs-Pfirsich und Aprikosen – ein richtiger Frühlingswein.

All die trockenen Spitzenweine werden als Goldkapsel deklariert und sind die eindrucksvollsten Weine bei Korrell. Dagegen fällt der Classic-Wein ein wenig ab, der zwar spritzig-fruchtig schmeckt, aber auch nicht mehr als das, und einen Tick charmanter und gehaltvoller sein könnte. Im mittleren Segment beim geschmacklich trockenen Riesling Johannes K ist das jedoch anders! Hier ist wieder diese fast schon rheinhessisch anmutende Geschmeidigkeit, diese – so gegensätzlich das auch klingen mag – glasklare Fülle mit viel Extrakt. In der Zungenmitte kitzelt eine leicht pikante, vibrierende Säure. Während die Spätlese – ein Steckenpferd von Korrell, auch er nennt Helmut Dönnhoff als eines seiner Vorbilder – noch ein wenig brav im Ausdruck geraten ist, zeigt die Muskateller-Auslese beherzte mineralische Kraft, vollreife Aromen von Litschis und Wildrosen. Der Riesling Eiswein Luca – Namensgeber ist der jüngste Spross der traditionsreichen Familie, deren Geschichte vor 500 Jahren in Spanien begann – aus der Renommierlage Kreuznacher Paradies zeigt wieder das Korrell-Paradox: raffiniert kitzelnde Wucht ohne jegliche Schwere. Ein Wolkenkratzer mit einer gläsernen Fassade, in der sich die Weite des Himmels spiegelt, dessen Fundamente aber tief in der Erde gesichert sind.

Muskateller
Uralte weiße Rebsorte mit betörendem Bukett.

Um Fundamente, tiefe Verwurzelung, aber auch um Offenheit und Anknüpfung an den Naturweingedanken geht es auch beim WEINGUT VON RACKNITZ aus Odernheim, Disibodenberger Hof – eine echte Entdeckung! Denn die konsequent spontanvergorenen Rieslinge entwickeln ganz eigene Kräuter-, Würz- und Fruchtaromen. Sie haben Ecken und Kanten, benötigen Zeit zur Entfaltung und verströmen dann innere Ruhe und Festigkeit. Dazu passt, dass das junge Winzerpaar, die gelernte Önologin Luise Freifrau von Racknitz-Adams und der Ex-Finanzvorständler Matthias Adams, weder Allerweltstypen sind noch gewöhnliche Lagen bewirtschaften: Ihr Nukleus ist der Disibodenberg, wo Benediktinermönche schon vor 900 Jahren Weinbau betrieben und in dessen Frauenkloster Hildegard von Bingen 40 Jahre ihres Lebens verbrachte.

Kräftig, fest und straff ist der trockene Odernheimer Kloster Disibodenberg, in dem der Geschmack des Steins rauchig ist und Estragonkraut frisch aufgeschnittene Zitrusfrüchte und Aprikosen verziert. Dieser beeindruckende Riesling stammt aus einer terrassierten Anlage mit zum Teil uralten Sandsteintrockenmauern und einer einzigartigen Trockenrasenvegetation. Der Disibodenberg besteht aus relativ festen, graugefärbten Sedimentgesteinen (Sandsteine, Siltsteine und geschieferte Tonsteine), die den Hunsrückschiefern ähneln. Aufgrund ihrer Härte wurden die am Disibodenberg stehenden Gesteine im Lauf der Jahrtausende

Weingut von Racknitz
Disibodenberger Hof
D-55571 Odernheim
Tel. +49 (0)67 55/2 85
Fax +49 (0)67 55/16 53
E-Mail: weingut@von-racknitz.com
www.von-racknitz.com
Öffnungszeiten:
täglich nach Vereinbarung

von Nahe und Glan aus der Landschaft herausgearbeitet, indem benachbarte weichere Gesteinsschichten erodiert wurden. Hierdurch entstand die markante Form des Gebirgsrückens mit dem steil abfallenden Weinberg zwischen Glan und Nahe, der schon den irischen Mönch und Klostergründer Disibod fasziniert hat.

Wer von Terroirs redet, sollte die großartigsten Naheweine zumindest einmal in seinem Leben gekostet haben.

Richtig hellgolden strahlen aber auch die anderen Rieslinge im Glas und schmecken wohltuend eigenständig. Dabei besinnt sich von Racknitz mit dem Jahrgang 2007 in seinem Sortiment ein Stück weit auf die Anfänge. »Ursprünglich waren wir mit dem Vorsatz angetreten, nur drei Weine anzubieten«, sagt Matthias Adams, »die vielen außergewöhnlichen Weinberge, die wir in der Vergangenheit dazu erwerben konnten, verführten uns jedoch dazu, bestimmte Parzellen separat auszubauen. Da wir inzwischen unsere Weinberge wirklich gut kennengelernt haben und wissen, in welchen Teilen die wirklich einzigartigen Trauben wachsen, haben wir uns dazu entschlossen, unser Sortiment deutlich zu straffen.« So gibt es eine einfache dreistufige Hierarchie: In der Basis beeindruckt bereits der saftige, trockene Gutsriesling mit vollreifer Aprikosen- und Apfelfrische. Kein Blender, der auf schlank macht, sondern ein ruhiger, entspannter, weich dahinfließender Stoff, funkelnd mit Pailletten besetzt. In der Mittelklasse werden die Trauben aus den beiden vorherrschenden Gesteinsarten der Weinberge durch die Weine Schiefer und Vulkangestein repräsentiert. Der Vulkangestein zeigt richtig kühle Würze und scheinbar mühelos vorwärts preschende Kraft, während der Schiefer dezenter, distinguierter und feinfruchtiger ist.

In diesen beiden Gesteinsweine zeigt sich die finessenreiche Stilistik der Racknitz-Weine, die Jahr für Jahr immer präziser gerät: Die physiologische Reife, ausgewogene Fruchtigkeit balanciert die für die Nahe typische mineralische Würze und pikante Säure bestens aus. Charme und Tiefgang sind hier gut vermählt! Verwoben duften die Aromen, mit einem gewissen federnden Widerstand, den man beim Trinken so genießt. Die sofort verständlichen Weine, die sich kaum im Glas verändern, sind oft die langweiligsten! Anders jedoch die Racknitz-Rieslinge – sie fordern heraus und schmecken vor allem untereinander sehr unterschiedlich. Für manche mag eine dezent dropsige Note irritierend wirken, doch diese deutet nicht etwa auf Aroma-Reinzuchthefen hin (diese lehnt das Winzerpaar Racknitz vehement ab und vergärt ausnahmslos nur mit den eigenen Hefen der Weinberge, also spontan), sondern basiert auf dem hohen Fructose-Gehalt, der natürlichen Süße. Sie resultiert aus den besonderen Komponenten wie den sehr gesteinsreichen Böden, alten Reben, niedrigen Erträgen – und der rigoros qualitätsorientierten Bewirtschaftung. Die Süße kommt hier aus dem Weinberg, nicht aus dem Keller! »Wir lassen der Natur einen relativ großen Spielraum und versuchen, die Sachen lediglich vorzubereiten«, sagt Luise Freifrau von Racknitz-Adams. »Wir haben keine große Kellertechnik und können auch rein technisch gar nicht kalt vergären. Wir arbeiten traditionell, nutzen allerdings das Wissen der heutigen Zeit.« Eine zu reduktive, einseitig fruchtbetonte Art lehnt das Winzerpaar ebenfalls ab, das seine Weine zwar im Stahltank ausbaut, aber großen Wert auf einen ausgiebigen Sauerstoffkontakt bereits im Moststadium legt. Das Resultat sind Weine, die zunächst zwar irritierend sein mögen – zugleich aber auch faszinieren. Dies machen insbesondere Riesling-Lagenweine deutlich, die bis auf die fruchtige Spätlese aus der Hermannshöhle möglichst durchgären sollen – was etwa im ausgezeichneten Jahrgang 2007 sehr gut gelang.

Physiologische Reife
Seit einigen Jahren auch im deutschsprachigen Raum geläufiger, zuweilen belächelter Ausdruck für die nicht allein nach dem Zuckergehalt zu bestimmende Aroma-, Säure- und phenolische Reife der Beeren.

Aromahefen
Moderne Reinzuchthefen mit der Eigenschaft, bestimmte Aromen im Wein hervorzurufen oder zu unterstützen.

Bereits der Niederhäuser Klamm (eine steile Vulkan-gestein-Geröllhalde, Porphyr-Steilstlage) zeigt eine groß-zügige Kraft, die beim Traiser Rotenfels noch raffinierter eingewoben ist. Die cremig eingehüllte Mineralität gibt ein besonderes Gaumengefühl, das zwischen Schmelzigkeit und belebender Frische changiert. Neben dem Disibodenberg steht vor allem der Schlossböckelheimer Königsfels an der Spitze. Die archetypische Liaison von Finesse und Kraft, von zarter Fruchtspitze und seidiger Textur ist exemplarisch. Zugleich markiert dieser Wein auch das ungeheure Engage-ment des Ehepaars.

In aufwendigster Manier haben Luise Freifrau von Rack-nitz-Adams und Matthias Adams eine der lange vernachläs-sigten, einst aber berühmten Paradelagen an der mittleren Nahe rekultiviert, wo auch die in diesen Breitengraden äu-ßerst seltene Smaragdeidechse lebt. In alten Menükarten um 1900 stand ein Riesling aus dem Königsfels neben den berühmten Rheingauern oder Moselrieslingen. Die Reputa-tion war zweifellos gewaltig, doch lag das natürliche Poten-zial wegen mangelnder Weinbergspflege lange Zeit brach. Als nun die besten Parzellen zum Verkauf standen, überlegte man im Weingut Racknitz nicht lange und erwarb knapp drei Hektar in der extremen Steillage mit Porphyr-Böden, einer südlich ausgerichteten Vulkangestein-Geröllhalde im unteren und mittleren Gewann. Der Königsfels macht sei-nem Namen alle Ehre: Seine virile Kraft ist subtil verpackt, die vollreifen Noten von Steinobst- und Zitrusfrüchten ru-hen ganz tief innen im Glas und werden nur schluckweise freigegeben. Hinter das Geheimnis dieses Weines kommt man nicht sofort. Die feine, geradlinige Mineralität scheint derart in die Traubigkeit eingewoben, als wäre das Vulkan-gestein mitsamt den Beeren vergoren worden. Und die fruchtige Niederhäuser Hermannshöhle hat die Würze von Vanillestängeln, Zimtsternen und Weihnachtsplätzchen. Diese Weine *singen* zweifellos, und das in bester Rheinwein-tradition. Damit die Weine ihr natürliches Potenzial entfal-ten können, verzichtet das ambitionierte Winzerpaar auf Reinzuchthefen, Anreicherung und Schönungsmittel: »Es kommt ausschließlich organischer Dünger zum Einsatz, Herbizide sind aus den Weinbergen verbannt. Wichtig ist uns die Vitalisierung der Böden zur Stärkung der Wider-standskraft der Reben. Alte Weinberge, die ihre Sturm- und

Anreicherung
Zusatz von Zucker, Mostkon-zentrat (rektifiziertem Trauben-mostkonzentrat) zur Erhöhung des Alkoholgehalts des Weins.

Drangphase hinter sich haben – also älter als 30 Jahre sind –, werden gepflegt und erhalten.«

Stil ist eben auch eine Frage des Charakters, und der hat sich bei Matthias Adams während 20 Jahren hingebungsvoller Weinleidenschaft mit vielen genussreichen Trinkerlebnissen geformt. Schließlich stammt er aus einer weitläufigen, dem Wein sehr verbundenen Familie und hat so unterschiedliche Winzer wie Clemens Busch aus Pünderich an der Mosel, Holger Koch aus Bickensohl in Baden und Rudi Pichler aus Wösendorf in der Wachau kennen- und schätzen gelernt. Zusammen mit seiner Frau sieht er den Wein auch aus der Warte des Konsumenten und stellt die Trinkerfahrung ganz obenan. Das ist ganz eindeutig eine Nahe-typische, basisdemokratische Riesling-Sicht der Dinge!

Offenheit, der Blick über den Tellerrand, alles immer wieder hinterfragen und nicht schnellen Moden gedankenlos hinterherlaufen – diesen Weg sind über Jahrzehnte auch Winzer vom Kaliber eines Helmut Dönnhoff oder Werner Schönleber gegangen. Und so wird auf dem Weingut in Odernheim ständig und manchmal sogar ermüdend lange darüber diskutiert, was sinnvoll ist – oder eben auch nicht. So schält sich auf dieser Basis des gemeinsamen, kritischen Gedankenaustausches peu à peu ein eigener Stil heraus, wenngleich sich eine stilistische Konstanz wie bei Van Volxem aus Wiltingen an der Saar oder Clemens Busch aus Pünderich an der Mosel noch nicht herauskristallisiert hat. Schließlich darf man aber auch nicht vergessen, dass der Jungfernjahrgang des Winzerpaars immerhin erst der 2003er war. Gemessen an diesem kurzen Zeitraum, hat von Racknitz einiges bewegt!

Obwohl an der Nahe brillante Weine wachsen, konnte das kleine Anbaugebiet überregional nie auf ein eigenständiges Images zurückgreifen.

In jedem Fall ist die Konzentration auf das Wesentliche, nämlich den Riesling, und die ganzheitliche Synthese zwischen Tradition und Moderne richtige Weg. Daher besinnt sich Adams gern auf altes handwerkliches Wissen – allerdings unter Nutzung neuzeitlicher Erkenntnisse und kontinuierlicher Infragestellung dessen, was über die Jahre gelehrt worden ist.

Die zu Beginn erwähnten »Drei Weinheiligen von der Nahe« hätten sicherlich auch heute ihre Freude an der Nahe gehabt: Nicht nur an den Von-Racknitz-Rieslingen, sondern auch an der Entwicklung der Region insgesamt – und an der des einstigen Prüflings Helmut Dönnhoff insbesondere.

Nahe in Zahlen

Rebsorte	1981	2005	Trend
Gesamtrebfläche	4528 ha	4119 ha	⇩
Weiße Rebsorten insgesamt	98,61 % = 4465 ha	74,29 % = 3060 ha	⇩ ⇩
Riesling	21,16 % = 958 ha	25,2 % = 1038 ha	⇧
Müller-Thurgau	28,75 % = 1302 ha	13,87 % = 571 ha	⇩ ⇩
Bacchus	5,15 % = 233 ha	3,98 % = 164 ha	⇩
Kerner	6,54 % = 296 ha	5,32 % = 219 ha	⇩
Ruländer (Grauer Burgunder)	2,69 % = 122 ha	4,83 % = 199 ha	⇧
Silvaner	16,23 % = 735 ha	7,02 % = 289 ha	⇩ ⇩
Weißburgunder	1,3 % = 59 ha	4,81 % = 198 ha	⇧
Chardonnay	k. A.	0,85 % = 35 ha	⇧
Scheurebe	6,49 % = 294 ha	3,5 % = 144 ha	⇩ ⇩
Rote Rebsorten insgesamt	1,39 % = 63 ha	25,71 % = 1059 ha	⇧ ⇧
Dornfelder	0,07 % = 3 ha	11,29 % = 465 ha	⇧
Blauer Spätburgunder	0,4 % = 18 ha	5,92 % = 244 ha	⇧ ⇧
Blauer Portugieser	0,8 % = 36 ha	2,89 % = 119 ha	⇧ ⇧

Quelle: Der deutsche Wein- und Getränkemarkt in Zahlen, Bd. I, von Prof. Dr. Helmut Kalinke, Geisenheim, 1985.

WEITERE EMPFOHLENE WEINGÜTER

Wein- und Sektgut Karl-Kurt Bamberger & Sohn
Römerstraße 10
D-55566 Meddersheim
Tel. +49 (0)67 51/26 24
Fax +49 (0)67 51/21 41
E-Mail:
kontakt@weingut-bamberger.de
www.weingut-bamberger.de
Öffnungszeiten: Mo.–Sa. 8–12 und 13–18 Uhr, So. nach Vereinbarung

Weingut Theo Enk
Weinbergstraße 13
D-55452 Dorsheim
Tel. +49 (0)67 21/4 54 70
Fax +49 (0)67 21/4 78 84
E-Mail: info@weingut-theo-enk.de
www.weingut-theo-enk.de
Öffnungszeiten: nach Vereinbarung

Weingut Göttelmann
Rheinstraße 77
D-55424 Münster-Sarmsheim
Tel. +49 (0)67 21/4 37 70
Fax +49 (0)67 21/4 26 05
E-Mail: goettelmannWein@aol.com
Öffnungszeiten: Do.–Sa. ab 18 Uhr, So. und feiertags ab 16 Uhr, Weinproben nach Vereinbarung

Weingut Hexamer
Sobernheimer Straße 3
D-55566 Meddersheim
Tel. +49 (0)67 51/22 69
Fax +49 (0)67 51/9 47 07
E-Mail: info@weingut-hexamer.de
www.weingut-hexamer.de
Öffnungszeiten: nach Vereinbarung
Harald Hexamer mag es rassig, ja durchaus knackig. An seinen besten Weinen ist nichts weichgespült, sondern hier kommt das Gletschergefühl aus dem »Polarkreis des Rieslings« klar zum Ausdruck. Zwangsläufig sind seine Eisweine Stars, und man wundert sich, welch köstliche Früchte am Gaumen bei dieser Bergbachfrische förmlich zu wachsen und zu reifen scheinen – bis sie schließlich herrlich auf der Zunge zerplatzen. Speziell seine trockenen Rieslinge, die mitunter aber auch eine grüne Säure zeigten, haben in den letzten Jahren zugelegt. Regelrecht großkalibrig ausgefallen ist der trockene Riesling XXL aus dem Meddersheimer Rheingrafenberg. Die Weine strahlen in ihrem Inneren immer mehr und beginnen fast schon zu fluoreszieren. Glasklarer Stil oft mit animierenden Zitrusaromen!

Weingut Klostermühle
Am Disibodenberg
D-55571 Odernheim
Tel. +49 (0)67 55/3 19
Fax +49 (0)67 55/3 20
E-Mail: mail@claretum.de
www.claretum.de
Öffnungszeiten: nach Vereinbarung

Weingut Kruger-Rumpf
Rheinstraße 47
D-55424 Münster-Sarmsheim
Tel. +49 (0)67 21/4 38 59
Fax +49 (0)67 21/4 18 82
E-Mail: info@kruger-rumpf.com
Internet: www.kruger-rumpf.com
Öffnungszeiten: Mo.–Sa. 9–18 Uhr, So. ab 16 Uhr und nach Vereinbarung
Stefan Rumpf und sein Sohn Georg pflegen einen kernigen, mineralischen Stil, der ebenso spielerisch wie animierend ist. Insbesondere die beiden Großen Gewächse aus dem Riesling trumpfen selbstbewusst auf: der Pittersberg erfrischt meist mehr auf längere Sicht als der oft früher zugängliche Dautenpflänzer. Zu den besten Roten der Nahe zählen die Spätburgunder. Am besten probiert man die durchweg empfehlenswerten Weine in der veritablen Weinstube.

Weingut Lindenhof

D-554562 Windesheim
Tel. +49 (0)67 07/3 30
Fax +49 (0)67 07/83 10
E-Mail: info@weingutlindenhof.de
www.weingutlindenhof.de
Öffnungszeiten: nach Vereinbarung

»Kompetenz Riesling & Burgunder«
heißt das Credo von Martin
Reimann, der in der kleinen Wein-
baugemeinde Windesheim seine
Vorliebe für klassische Rebsorten
pflegt. Er hat ein Händchen für den
Holzeinsatz, der bei den besten
Spätburgundern zwar voluminös
ausfallen kann, aber nicht die feine
Traubigkeit zum Sklaven des vor-
schmeckenden Holzfasses macht.
Insbesondere der Weiße Burgunder läuft hier – etwa als Spätlese
trocken Goldkapsel – zu großer
Form auf: mit intensivem
Geschmack aus voll ausgereiften
Trauben mit Frische, Schmelz und
herrlich vanilliger Note. Hier
kommt sie wieder zum Vorschein:
die vielleicht noch immer etwas
unterschätzte burgundische Seite
der Nahe.

Weingut Werner Marx

Im Setzling 6
D-55452 Windesheim
Tel. +49 (0)67 07/3 16
Fax +49(0)67 07/16 69
E-Mail: info@weingutmarx.de
www.weingutmarx.de
Öffnungszeiten: nach Vereinbarung

Weingut Poss

Goldgrube 20–22
D-55424 Münster-Sarmsheim
Tel. +49 (0)67 07/3 42
Fax +49(0)67 07/83 32
E-Mail: info@weingut-poss.de
www.weingut-poss.de
Öffnungszeiten: Mo.–Fr. 9–12 und
14–18 Uhr, Sa. 9–16 Uhr,
So. Ruhetag

Prinz zu Salm-Dalberg Schloss Wallhausen

Schlossstraße 3
D-55595 Wallhausen
Tel. +49(0)67 06/94 44 11
Fax +49(0)67 06/94 44 24
E-Mail: info@prinzsalm.de
www.prinzsalm.de
Öffnungszeiten: nach Vereinbarung

Weingut Jakob Schneider

Winzerstraße 15
D-55585 Niederhausen
Tel. +49(0)67 58/9 35 33
Fax +49(0)67 58/9 35 35
E-Mail: info@schneider-wein.com
www.schneider-wein.com
Öffnungszeiten: nach Vereinbarung

Ein sympathischer Familienbetrieb,
der insbesondere durch den Einstieg des jungen Jakob Schneider jr.
deutlich an Schwung und Selbstbewusstsein gewonnen hat. Seine
Riesling-Auslesen Junior aus der
berühmten Niederhäuser Hermannshöhle der letzten Jahre
zeigen, welches Potenzial in diesem
Betrieb steckt: hochfeine Traubigkeit und Mineralität bei ausgewiese-
ner Würz- und Fruchtsubstanz. Das
Gut überzeugt durch eine reiche
Palette an klassisch zu nennenden
Rieslingen aus Spitzenlagen wie
dem Norheimer Dellchen: ein teils
waghalsiges Rieslingspiel vor allem
im fruchtsüßen Bereich, an dem
nichts überdreht oder übertrieben
wirkt bei verlockend günstigen
Preisen!

HOTELS
UND
RESTAURANTS

BAD KREUZNACH

Restaurant Im Gütchen
Hüffelsheimerstraße 1
D-55543 Bad Kreuznach
Tel. +49 (0)6 71/4 26 26
Fax: +49 (0)6 71/48 04 35
E-Mail: jan@jan-treutle.de
www.im-guetchen.de
Öffnungszeiten: Mo.–Sa. ab 18 Uhr,
So. und feiertags 12–14 Uhr
und ab 18 Uhr, Di. Ruhetag
Hier lässt sich eine reizvolle Kombi-
nation aus regionaler und mediter-
raner Kochkunst mit auserwählten
Zutaten und erlesenen Weinen in
stillvoller moderner Architektur
erleben.
Preiskategorie: €€€

BAD SOBERNHEIM

BollAnt's im Park
Zum Freilichtmuseum
D-55566 Bad Sobernheim
Tel. +49 (0)67 51/9 33 90
Fax +49 (0)67 51/26 96
E-Mail: info@bollants.de
www.bollants.de
Super Hotel mit viel Wellness in
toller Nahelandschaft. Im Gourme-
trestaurant Passione Rosa im
historischen Sandsteingewölbe wird
von Chefkoch Renato Manzi (ein
Michelin-Stern) leichte, mediterrane
Küche serviert.
Preiskategorie: €€€

GULDENTAL

Der Kaiserhof
Hauptstraße 2–4
D-55452 Guldental
Tel. +49 (0)67 07/9 44 40
Fax +49 (0)67 07/94 44 15
E-Mail info@kaiserhof-guldental.de
www.kaiserhof-guldental.de
Öffnungszeiten: Mo., Do., Fr., Sa.
und So.
Der Michelin hat den Kaiserhof für
das gute Preis-Leistungsverhältnis
ausgezeichnet; für den Fein-
schmecker gehört er zu den
besten 500 Restaurants in
Deutschland.
Preiskategorie: €€

HACKENHEIM

Metzlers Gasthof (Gourmetküche)
und
Metzlers Weinstube (rustikal,
gemütlich)
Hauptstraße 69
D-55546 Hackenheim
Tel +49 (0)6 71/6 53 12
Fax +49 (0)6 71/6 53 10
E-Mail: info@metzlers-gasthof.de
www.metzlers-gasthof.de
Öffnungszeiten: Mi.–So. 12–14 Uhr
und 18–22 Uhr, Mo., Di. Ruhetag
Preiskategorie: €€€

MEDDERSHEIM

Restaurant Lohmühle
D-55566 Meddersheim
Tel. +49(0) 67 51/45 74
Fax +49(0) 67 51/65 67
E-Mail: info@restaurant-lohmuehle.de
www.restaurant-lohmuehle.de
Öffnungszeiten: Mo.–Di. Ruhetag,
Mi.–Fr. ab 17 Uhr, Sa.–So. ab 12 Uhr
Regionale Köstlichkeiten mit eben-
solcher Weinkarte.
Preiskategorie: €€

Zur Traube
Sobernheimer Str. 2
D-55566 Meddersheim
Tel. +49 (0)67 51/95 03 82
Fax +49 (0)67 51/95 02 20
Öffnungszeiten: Mo.–Do. mittags
und abends, Di. mittags, Mi.
Ruhetag
Uriger Landgasthof mit einer
starken Naheweinkarte. Der Chef
Herbert Langendorf war Küchen-
chef in der Wiesbadener Ente und
kocht supergut.
Preiskategorie: €€

MÜNSTER-SARMSHEIM

Weingut Göttelmann
Straußwirtschaft
Rheinstraße 77
D-55424 Münster-Sarmsheim
Tel. +49 (0)67 21/4 37 75
Fax +49 (0)67 21/4 26 05
Öffnungszeiten: Von Mai bis August
sowie im Oktober Do.–Sa. ab 18
Uhr, So. ab 16 Uhr
Preiskategorie: €

Weinstube Kruger-Rumpf
Rheinstraße 47
D-55424 Münster-Sarmsheim
Tel. +49 (0)67 21/4 38 59
Fax +49 (0)67 21/4 18 82
E-Mail: info@kruger-rumpf.com
www.kruger-rumpf.com
Öffnungszeiten: Di.–Sa. ab 17 Uhr,
So. und feiertags ab 16 Uhr
Preiskategorie: €€€
Gute Küche, ausgezeichnete Weine
– eine der besten Weinstuben an
der unteren Nahe.

NIEDERHAUSEN

Gästehaus Maurer
Ehemalige Weinbaudomäne
D-55585 Niederhausen
Tel. +49 (0)67 58/9 25 00
Fax +49(0)67 58/92 50 19
E-Mail: info@riesling-domaene.de
www.riesling-domaene.de
Von den sechs Fremdenzimmern
im Gästehaus der Gutsverwaltung
Niederhausen-Schlossböckelheim
hat man einen herrlichen Blick auf
die Nahe, die umliegenden Wein-
berge und den Ort Oberhausen.
Preiskategorie: €€

ROCKENHAUSEN

Schlosshotel Rockenhausen
Schlossstraße 8
67806 Rockenhausen
Tel. +49 (0)63 61/9 29 20
Fax +49 (0)63 61/92 92 11
E-Mail:
info@schlosshotel-rockenhausen
www.schlosshotel-rockenhausen.de
Öffnungszeiten: Mo.–So. 11–14.30
und 18–22 Uhr
Preiskategorie: €€

SCHLOSSBÖCKELHEIM

Landhotel Niederthäler Hof
Nahestraße
D-55595 Schlossböckelheim
Tel. +49 (0)67 58/96 93 91
Fax +49 (0)67 58/96 93 92
E-Mail: info@landhotel-niederthä-
ler-hof.de
www.landhotel-niederthäler-hof.de
Öffnungszeiten: Fr.–So. täglich
Wunderschöne Lage inmitten der
Weinlage Schlossböckelheimer Fel-
senberg.
Preiskategorie: €€

STROMBERG

Lafers Le Val d'Or
(Gourmetküche) und
Lafers Turmstube
(Landküche)
D-55442 Stromberg
Tel. +49 (0)67 24/9 31 00
Fax +49 (0)67 24/93 10 90
E-Mail:
stromburghotel@johannlafer.de
www.johannlafer.de
Öffnungszeiten:
Le Val d'Or: täglich ab 19 Uhr,
Sa. So. und feiertags ab 12 Uhr,
Mo. und Di. Ruhetag;
Turmstube: täglich ab 12 Uhr
durchgehend geöffnet.
Preiskategorie: €€€

AHR

Wildromantische Flusslandschaft mit idyllisch kullernder Ahr, zerklüftete Felsformationen, steile Rebhänge mit eingebauter Fußbodenheizung, Weinterrassen wie Schwalbennester, sattgrüne Wälder und wildwuchernde Kräuterwiesen: Nur wenige Kilometer vor den rauchenden Schloten des Ruhrpotts liegt in einem Seitental des Rheins ein bizarrer Mini-Grand-Canyon, dessen unbeugsame Winzer mutig den Fährnissen des *Cool Climate* trotzen…

Das Ahrtal stellt die Gesetze vom Planeten Wein so trotzig auf den Kopf! »Von nix kütt nix«, sagen die Ahrwinzer, eine anscheinend besonders sture Fraktion ihres Berufsstandes. Denn ihre Lage nördlich des 50. Breitengrads, der eigentlichen Grenze für hochwertigen trockenen Weißwein, scheint ebenso prekär wie das Bekenntnis der Erzeuger zum Früh- und Spätburgunder: Die teils atemberaubenden Steilhänge zwischen Altenahr und Heimersheim ähneln eher denen von Mosel-Saar-Ruwer oder dem mittleren Rheintal, wo Riesling und Schiefer eine formidable Liaison eingegangen sind. Aber Schiefer und Spätburgunder? So kurz vor Dänemark? Schmeckt das? Und dann noch die ganze Touristen-Folklore, denn lange Jahre galt das Tal als Eldorado für Tagesausflügler, die in Reisebussen durch das Tal zuckelten und für süßliche Weinchen schwärmten. Wie passt das zu echten winzerischen Inhalten?

Aber ja, wo der Qualitäts-Weinbau mit dem Hochalpinismus vergleichbar ist und eine neue Generation von Weinbauern schweißgebadet über die schroffen Geröllpfade in die sonnenverwöhnten Steilhänge der Schiefer- und Grauwacke-Terrassen kraxelt, offenbart sich eine neue, andere Ahr, die auch ein hochkarätiges Publikum anzieht. Dort im Süden des Nordens, quasi im Spielzeugland des Rotweins, werden einige der originellsten Burgunder der Weinwelt gekeltert, die inzwischen Lichtjahre entfernt sind von den blassen Wischi-Waschi-Liliput-Flüssigkeiten, die in den 1960er- und 1970er-Jahren die süße Welle in die Kehlen durstiger Wochenendausflügler spülte.

Gulliver im Rotwein-Liliput

Von Manfred Lüer

AHR

■ WEINANBAU   ■ STÄDTE & DÖRFER

Unsere Top Ten

**AHRTAL-TOURISMUS BAD
NEUENAHR-AHRWEILER E.V.**
Hauptstraße 80
D-53474 Bad Neuenahr-Ahrweiler
Tel. +49 (0)26 41/9 17 10
Fax +49 (0)26 41/91 71 51
E-Mail: info@ahrtaltourismus.de
www.ahrtaltourismus.de

KARTENAUSSCHNITT

© Infographic.de

7 Dokumentationsstätte
Regierungsbunker
www.bunkermuseum-
ahrweiler.de

8 Winzermuseum Bachem

10 Arp Museum
www.arpmuseum.org

Bad Honnef

Flughafen
Köln–Bonn

Rheinbreitbach

Oberwinter

Unkel

Rhein

Remagen

10

Landskron Bad Bodendorf Linz

Ahr

Heimersheim **Sinzig**

A571

Sinzig-Löhndorf

A61

50° 30' NÖRDL. BREITE

Bad Hönningen

Koblenz

Norden

2 km

Die teils irrsinnig steilen, oft terrassierten Schiefer- und Grauwackehänge sind in der Tat eine Kategorie für sich! Sie haben das Potenzial für einen ganz eigenen, feinfruchtigen, mineralisch-würzigen Pinot-Typ, der trotzdem so südlichwarm und opulent schmeckt und den nicht immer ganz niedrigen Alkohol gut einbindet. Tatsächlich profitieren die Weine von einem für die nördliche Lage erstaunlich mediterranen Kleinklima, das in der Enge des Mini-Canyons an heißen Tagen die Beeren förmlich *backt*. Die besten Weinberge in der Ahr-Region sind zudem windgeschützt, meist südlich ausgerichtet, und der Fluss reflektiert die Sonnenstrahlen an die Reben. Vor allem fungieren in den Steillagen die steinigen Schiefer-, Grauwacke- und Basaltböden wie Nachtspeicherheizungen: Sie erhitzen sich tagsüber sehr schnell und geben die gespeicherte Energie nachts an die Reben wieder ab. Im Hitzejahrgang 2003 maß Wolfgang Hehle vom Deutzerhof in der Mittagszeit bei einer Schieferplatte gar 72 Grad Celsius – fast hätte er darauf ein Spiegelei gebraten!

■ Die besten Ahr-Burgunder haben zwischen 85–95 Grad Öchsle, nicht mehr.
Theo Sermann, kurz vor 1914

Zudem ist das Qualitätsstreben der besten Erzeuger inzwischen so rigoros, dass sie die Weinbergspflege immer akribischer ausfeilen – leider oft auch bis hin zur Überreife, was deutlich Energie aus den Weinen nimmt. Allerdings steuern die besten, innovativen Erzeuger den Lesezeitpunkt wieder auf ein vernünftiges Maß zurück. So etablierte sich ab Mitte der 1990er-Jahre ein damals völlig neuer Ahrtyp mit in der Jugend charakteristisch reicher Frucht, betörendem Duft und einem samtigen Tannin. Einen weiteren Kick bekam das Gebiet durch die Einführung der Spätburgunder-Großen-Gewächse, die für einen noch selbstbewussteren Typus an der Ahr sorgten. Er kann in der Spitze den besten Kreszenzen aus Baden, Württemberg und der Pfalz durchaus Paroli bieten, zeigt aber ein zarteres Aroma, eine filigrane Eleganz und eine ganz eigene, von einigen heiß geliebte und von anderen wiederum schroff abgelehnte mineralische, feine Schiefernote.

Kaschiert wird diese Ausdruckskraft jedoch noch viel zu

Tannin
Die auch Gerbsäure oder Gerbstoffe genannten Tannine gehören zur Gruppe der Phenole. Vor allem junger Rotwein (und auch Tee) enthält hohe Mengen an Tanninen, die im Mund ein charakteristisches Gefühl von Trockenheit, ein Zusammenziehen der Schleimhäute verursachen. In Weißweinen spielen sie eine kleinere, aber auch bedeutende Rolle, zu viel davon macht den Wein grob und stumpf, zu wenige Tannine können ihn ausdruckslos erscheinen lassen.

oft durch Botrytisnoten von eingeschrumpelten Beerchen (den »old-man-face-grapes«, wie Werner Näkel, der oft als »Retter des Ahrweins« titulierte Dernauer Winzer, süffisant bemerkt). Dies rührt daher, dass die von der Edelfäule befallenen, eingeschrumpelten Beeren entweder nicht akribisch genug aussortiert und – wegen ihrer hohen Konzentration – ganz bewusst zum Aufmotzen schlankerer Rotweine bis in den teurer zu vermarktenden Auslesebereich benutzt werden: Das sind dann Ahr-Burgunder mit High Heels. Eine weitere bei einigen Erzeugern ebenfalls nicht unübliche Praxis, um farb- und fruchtdichtere Weine zu bekommen, ist das Verschneiden von Spätburgundern mit so genanntem Deckrotwein – üblicherweise Regent, Dornfelder oder eine Cabernet-Neuzüchtung. Davon können einem als reinsortig deklarierten Burgunder bis zu 15 Prozent zugegeben werden. Durchaus üblich zum Erhalten einer besseren Farbausbeute ist auch die Verwendung von speziellen Enzymen.

Verschnitt
Laut Weingesetz das Vermischen von Weinen und Mosten.

Seriöserweise sollte sich eine dichtere, rubinrote Farbe auf natürliche Faktoren gründen, nämlich auf die Anpflanzung von locker- und kleinbeerigen Klonen im Weinberg, deren kleine Früchte ein für die Farbgewinnung besseres Verhältnis von Fruchtfleisch und Schale haben, sowie auf eine intensivere, längere Maischestandzeit. Dies ist bei den Eliteweinen des Gebietes absolut der Fall. Sie verabschieden sich allmählich von den fetten »Sumo-Ringer-Auslesen«, die unter Gleichgewichtsstörungen leiden. Für viele dieser »Rhône-Weine aus dem Polarkreis für Rotwein« markierte der Extrem-Jahrgang 2003 den Endpunkt, und das daraus resultierende, unbequeme Hinterfragen war der erste Schritt auf dem Weg hin zu wunderbar reifen, transparenten und saftigen Burgundern ohne geleehaft verdickte Schwere.

Wie Gulliver in Rotwein-Liliput muss sich Gerhard Stodden aus Rech vom WEINGUT JEAN STODDEN gefühlt haben. Irgendwann hatte der resolute Winzer einfach genug vom überreifen Stil und stellte fest: Weniger ist mehr. Seine einfacheren Weine aus der JS-Linie aus den Jahren 1990 und 1995 reiften einfach deutlich besser als seine wesentlich teurere, marmeladige 1997er Auslese Goldkapsel aus dem Recher Herrenberg, und seine Winzerfreunde in Burgund bekamen einfach mehr Spannung und Biss in die Weine.

Also begann er Mitte der 1990er-Jahre die Stöcke im Weinberg noch rigoroser anzuschneiden, um die Erträge zu sen-

Das Rotweingut Jean Stodden
Rotweinstraße 7–9
D-53506 Rech
Tel. +49 (0)26 43/30 01
Fax +49 (0)26 43/30 03
E-Mail: info@stodden.de
www.stodden.de
Öffnungszeiten Vinothek:
Mo.–Fr. 9–12 und 13–18 Uhr,
Sa. 10–14 Uhr

ken, verlängerte die Maischestandzeit auf bis zu drei Wochen und vor allem die Ausbauzeit im Holz. Denn: »Ahrweine brauchen Gerbstoffe!« Ab dem Kürzel JS kommen die Weine in Barriques aus Allier-Eiche, die besten davon in neue Fässer.

»Unsere besten Burgunder brauchen zwei Weihnachten im Holzfass, damit sie sich auch in der Flasche gut ent-

Modischen Glattschliff gibt es bei Gerhard (l.) und Alexander Stodden nicht. Hier zeigen Winzer wie Weine echten Charakter mit Ecken und Kanten.

wickeln können!«, sagt der Vorreiter in puncto Lagerzeit im kleinen Holzfass, der nach burgundischem Vorbild seine Weine unfiltriert abfüllt – um auch subtile Nuancen und eine natürliche Ausdruckskraft zu wahren. Vor allem aber begriff er ab dem Jahrgang 2001, wie wichtig die Säure – bei entsprechender Dichte – in einem hochwertigen Spätburgunder ist: »Früher haben wir zu spät gelesen und zu sehr auf die Öchslegrade geschaut.«

Auch das ist Stoddens Vorbildern von der Côte d'Or, nämlich Spitzenbetrieben wie Jean Grivot aus Nuits-St.-Georges sowie den Domänen G. Roumier und Dujac, beide aus Gevrey-Chambertin, abgeschaut.

Zunächst fällt bei den Stodden-Weinen die schon ins Ziegelrote changierende, auffallend helle oder für manche gar schon oxidative Farbe ins Auge. Dennoch entwickeln sich diese Burgunder vorzüglich! Ihnen ist eine kräuterwürzige Note eigen, und dahinter kommen dann saftige rote Früchte, Süßkirschen, geröstete Nüsse, mitunter auch florale und ledrige Komponenten. Erst nach einigen Jahren – und das gilt auch für die Basisweine, die hier aber ebenso viel kosten wie anderswo schon Spitzenweine – kommen die ganzen parfumartigen Nuancen zum Vorschein, der Charakter der Rebsorte und vor allem der mineralische Ausdruck, der ganz von der Originalität der besonderen Böden vor allem aus dem Recher Herrenberg geprägt ist. Der Nachwuchs feilt bereits tatkräftig mit am Stodden-Stil: Sohn Alexander keltert nach dem Studium in Südafrika und in den USA eigenverantwortlich den Spätburgunder Neuenahrer Sonnenberg Großes Gewächs »Next Generation«, der etwas fruchtdichter, muskulöser und geschmeidiger ausfällt, was vor allem auf die Herkunft von der unteren Ahr zurückzuführen ist.

Dieses Weingut hat zweifelsohne eine ganz eigene Stilistik mit Ecken und Kanten abseits des modischen Glattschliffs, wobei zuletzt eine anfängliche, fast ein wenig unnahbare Strenge einer früher zugänglicheren, weicheren, saftigen Frucht gewichen ist. Man mag diese originäre Gradlinigkeit ablehnen oder ihr begeistert zustimmen – einen Zwischenweg gibt es bei den extremen Stodden-Weinen eigentlich nicht. In jedem Fall aber haben Weine wie der Recher Herrenberg Alte Reben aus 80-jährigen wurzelechten Stöcken für eine neue Gulliver-Dimension in puncto Struktur und Geschmack im kleinen Ahrtal und auch in so manchen Winzerköpfen für Aufregung gesorgt.

D ie neben Vater und Sohn Stodden interessantesten Aufsteiger des Gebietes sind die sehr energischen Winzer Frank und Marc Adeneuer vom WEINGUT J. J. ADENEUER aus Ahrweiler, die ebenfalls für die Strukturschwäche in ihrer malerischen Heimatregion wenig übrig haben. Sie sind zweifellos die Aufsteiger der letzten Jahre. Ihre Burgunder zeigen einen fast sinnlichen Schmelz, wie man ihn etwa von Kaiserstühler Burgundern kennt. Die Adeneuers setzen konsequent auf rote Sorten, vergären mit wilden Hefen und zeigen echte Bodenständigkeit auch im trockenen Basissegment!

»Wenn der einfache Wein gut ist, wachsen die Spitzen von ganz allein!«, sagt Marc Adeneuer, und bereits die Cuvée J. J. Adeneuer aus Spätburgunder und Dornfelder ist von

Weingut J. J. Adeneuer
Max-Planck-Straße 8
D-53474 Ahrweiler
Tel. +49 (0)26 41/3 44 73
Fax +49 (0)26 41/3 73 79
E-Mail: JJAdeneuer@t-online.de
www.adeneuer.de
Öffnungszeiten: Mo.–Fr. 9–12 und
13.30–18 Uhr, Sa. 10–15 Uhr, So.
und feiertags nach Vereinbarung

beeindruckender Saftigkeit, zeigt intensive Beerenfrucht und samtige Fülle, ohne zu weich zu sein. Der Dornfelder kommt aus alten Anlagen, die ursprünglich für Deckrotwein gepflanzt wurden. Das Thema bringt Marc Adeneuer förmlich auf die Palme, denn er schätzt die natürliche Harmonie in den Weinen und möchte die leckeren, kleinen Beerenfrüchte und den Geschmack des Bodens in den Ahr-Rotweinen schmecken: die unverhohlen zur Schau gestellte Freizügigkeit der Fruchtigkeit darf sich aber einer nördlichen, herben, im positiven Sinne schlanken Ästhetik unterwerfen.

Barrique
Kleines, meistens 225–228 Liter fassendes Eichenholzfass. Das ursprünglich für Bordeaux kreierte Fass wird heute in praktisch allen weinbautreibenden Ländern benutzt und oftmals auch gefertigt. Im Sprachgebrauch hat sich die Barrique längst strengen Definitionskriterien entzogen. Gemeint ist immer ein kleines Eichenfass.

Es ist angesichts solcher Kaliber wie dem in der Barrique ausgebauten Spätburgunder No. 1 schon ganz erstaunlich, welche wahrhaft urwüchsige und dennoch straff gebündelte Kraft in einem Ahr-Burgunder stecken kann! Der Holzeinsatz dient nur als Stütze, um die Frucht noch weiter nach vorne zu bringen, und eine fein prononcierte Säure und das süße, saftige Tannin sind keineswegs nur schmeichlerisch! Ab dem Jahrgang 2004 wurde in der Weingutsgeschichte ein neues Kapitel aufgeschlagen, und gleich mehrere Maßnahmen zur rigorosen Qualitätssteigerung griffen ineinander: Die Mengen wurden noch stärker reduziert, die Maischestandzeit verlängert, der Saftabzug intensiviert und erstmalig die Kaltmazeration angewendet. Zudem wurde die Spontangärung noch konsequenter eingesetzt und vor allem der Fassausbau um mehrere Monate verlängert.

Bereits das Große Gewächs aus dem Ahrweiler Rosenthal zeigt Spiel und lebhafte Frucht, und das Pendant aus dem Neuenahrer Sonnenberg ist fleischiger, von kräftiger Struktur und erinnert an eingelegte Kirschen und Mandeln. Viel Kirsche, rote Johannisbeere und Veilchen, vor allem aber eine feine, mineralische Würze und belebende Säure. Noch deutlicher wird der Fortschritt jedoch bei den Spätburgundern aus der wohl kleinsten Lage Europas: der Walporzheimer Gärkammer. Wahrscheinlich wüchsen dort, wenn man sie nur ließe, statt Reben jede Menge wilder Kräuter. Und

Grand Cru
Französische Bezeichnung für Spitzenlagen.

danach duften auch die mit einem stilvollen Bittermandelton ausklingenden Weine. Auf Grand-Cru-Format gesteigert wird die filigrane Aromatik durch das 2004 erstmals produzierte Große Gewächs aus den alten wurzelechten Reben – noch so ein Gulliver-Wein, der mit seiner Finesse, der Mineralität und der Trüffelnote gar an einen berühmten Grand Échézeaux aus dem Burgund erinnert.

In dieser Form können Adeneuer und Stodden durchaus zu den beiden Platzhirschen an der Ahr aufschließen: den WEINGÜTERN MEYER-NÄKEL in Dernau und Deutzerhof in Mayschoß.

Der eigentliche Qualitäts-Pionier und als »Retter des Ahrweins« titulierte Werner Näkel, ein energiegeladener Ausbund vom Typ »Rheinische Frohnatur«, hat wie kein Zweiter zur Entwicklung hochwertiger Rotweine an der Ahr beigetragen – und durch seine Verfeinerung des Ausbaus im kleinen Eichenholzfass auch die Entwicklung in ganz Deutschland maßgeblich vorangetrieben und beeinflusst. Seine besten Weine können in großen Jahrgängen durchaus mit berühmten Pinots aus dem Burgund konkurrieren.

Bereits in den 1980er-Jahren begann sein kometenhafter Aufstieg; zu einer Zeit also, als man an der Ahr nichtssagende, dünne, süße Plörre fabrizierte und Bonn noch Regierungssitz war. So waren die Straußwirtschaften gut gefüllt, und die Agonie, in der sich der deutsche Weinbau insgesamt befand, wurde an der Ahr geflissentlich übersehen. Bis der Autodidakt und Ex-Gymnasiallehrer für naturwissenschaftliche Fächer mit fruchtdichten und imposanten Roten, wie man sie bis dato so weit nördlich für unmöglich hielt, zeigte, wo es längs ging. Werner Näkel war damals eine Art Gulliver in Dernau-Liliput, und seine brillanten Roten schöpfen ihre Kraft aus dem Dialog von Frucht und Schiefer. Im Gegensatz zu den eher kräftigen, tanninreichen Roten von Gerhard Stodden sind sie so seidig, zart und elegant, dass man sie im Grunde eigentlich nur noch wegtrinken möchte. Und ist das nicht das größte Kompliment?

Doch als das Pendel etwa an der Mosel zu sehr ins *Fette* ausschlug, zeigte der Barrique-Pionier, dass wuchtiger Holzeinsatz nicht alles ist! Dies ist umso erstaunlicher, als das Ahrtal nicht nur wildromantisch und überaus reizvoll ist, sondern bisweilen auch stickige Enge atmet: Einige Winzer fühlen sich hier so hoch oben noch immer in der Beweispflicht, durch Wucht und Kraft südliche Fülle zu imitieren. Vielleicht hatte gerade deshalb jemand wie Näkel so großen Erfolg, weil er als Seiteneinsteiger seine Entscheidungen aus dem Bauch und unbelastet von einem önologischen Studium konnte. Er ist Instinktwinzer durch und durch, und das verbindet ihn mit vielen Größen dieser Weinwelt, wie Henri

Weingut Meyer-Näkel
Friedensstraße 15
D-53507 Dernau
Tel. +49 (0)26 43/16 28
Fax +49 (0)26 43/33 63
E-Mail: weingut@meyer-naekel.de
www.meyer-naekel.de
Öffnungszeiten:
Mo.–Fr. 9–12 und 14–17 Uhr,
Sa. 11–16 Uhr und nach
Vereinbarung
Gutsschänke täglich 11–23 Uhr

Der Keller bei Meyer-Näkel: Barrique-Pionier Werner Näkel zeigt, dass der Holzfasseinsatz die Traubigkeit nur unterstützen darf.

Jayer aus dem Burgund, dessen Weine Werner Näkel vor über 20 Jahren so ungeheuer inspiriert haben.

Noch heute vertraut der nach wie vor unermüdlich zwischen seinen Joint Ventures in Portugal und Südafrika hin und her pendelnde Näkel, der seit 2005 Unterstützung von Tochter Meike bekommen hat, in vielen Dingen seiner Intuition und nicht dem weinbaulich gelehrten Wissen. Am Anfang stand eine Vision, und die von Werner Näkel lautete schlichtweg: »Ich will einen großen Ahr-Burgunder machen.« Dass es ihm gelang, grenzte für manche an ein Wunder, doch in seiner Sogwirkung taten sie es ihm einfach nach. So steht Werner Näkel in gewisser Weise auch für einen Winzer, der es binnen weniger Jahre verstanden hat, das natürliche Potenzial der Ahr-Weinberge so stilvoll und charak-

Vorreiter für einen in den 1980er-Jahren völlig neuen Ahrwein-Typus: Werner Näkel vertraut seiner Vision.

terstark auf die Flasche zu ziehen, dass es nachvollziehbar schmeckbar ist.

Und obwohl so mancher einst hochgelobte Burgunder weniger charmant reifte als gedacht – Werner Näkel übertrieb seinen durchaus sympathischen Hang zur Exzentrik und gab den Weinen Anfang der 2000er zu wenig Schwefel –, zeigt dieser Betrieb eine stilistische Konsistenz wie kaum ein zweiter so weit hoch im Norden. Der trockene Riesling ist mit seiner pikanten Würze und dem Geschmack nach Apfel und Cassis ein richtiges Mosel-Pendant, ohne eine 1:1-Kopie zu sein. Zugleich frisch und weich, floral und beerig schmeckt der Blanc de Noir, der viele kitschig-süße Roséweine dieses Gebietes in triumphierendem Ton deklassiert. Angeführt wird die Rotweinliste von der Cuvée Us de la meng (etwas aus dem Bauch heraus entscheiden), eine absolut stimmige Basisqualität, mit der sich viele andere Ahrwinzer so schwer tun. Ein Klassiker des Hauses ist der Blauschiefer mit seinem seidig-eleganten Bouquet von Kirschen mit viel Herz. Feines Burgunderparfum paart sich im S (für Selektion) mit der Würze des Bodens, der Süße der Reife und der Traubigkeit der Beere. Das alles transzendieren die Großen Gewächse, etwa das aus dem Bad Neuenahrer Sonnenberg 2003 mit seinem Crescendo-artigen Abgang. Ein leicht salziger, jodiger Geschmack erinnert an die Zeit, als es die Ahr noch nicht gab und an ihrer Stelle Meerwasser einen Strand bespülte. Und das Große Gewächs aus dem Walporzheimer Kräuterberg ist samtige Würze in Perfektion. 2003 verlängerte Näkel in der Top-Linie erstmals die Maischestandzeit auf bis zu vier Wochen und die Reifezeit in der neuen Barrique auf 20 Monate, wodurch die Spitzen-Roten noch strukturierter wurden.

Ein ganz eigenes Kapitel sind die Frühburgunder, die zu den besten Exemplaren dieser Sorte überhaupt gehören können. An der Spitze stehen die Weine aus dem Bad Neuenahrer Sonnenberg und vor allem aus dem Dernauer Pfarrwingert – schwarzer Samt im Kerzenlicht. Das ist zum Klingen gebrachtes Terroir!

Ein auf seine Art ebenfalls unverbesserlicher Qualitätsfanatiker ist Wolfgang Hehle vom WEINGUT DEUTZERHOF in Mayschoß. Das Ziel des sympathischen Ex-Steuerberaters ist die Nummer Eins zu sein, und gemessen an der

Weingut Deutzerhof
(Cossmann-Hehle)
Deutzerwiese 2
D-53508 Mayschoß
Tel. +49 (0)26 43/72 64
Fax +49 (0)26 43/32 32
E-Mail:
info@weingut-deutzerhof.de
www.weingut-deutzerhof.de
Öffnungszeiten:
Mo.–Fr. 8–12 und 13–17 Uhr,
Sa. 10–16 Uhr

Bandbreite des Portfolios ist er es auch schon. Hehle hat das umfassendste Angebot an der Ahr: saftig-rassige trockene Rieslinge, die auch edelsüß Format besitzen, den überzeugendsten Chardonnay, die besten Dornfelder und Portugieser in der Region – und natürlich Spätburgunder, die vielleicht das größte Reifepotenzial im ganzen Gebiet haben. Sie sind als Jungweine oft sehr stark vom Holz geprägt, binden dieses im Laufe ihrer Entwicklung jedoch in die enorme traubige Substanz bestens ein und entwickeln gar – wie im exzellenten Jahrgang 1999 – noch eine Extradimension an Harmonie, die über den puren Beerencharakter hinausgeht.

Jungwein
Wein, dessen alkoholische Gärung noch nicht ganz beendet ist und der noch nicht von der Hefe getrennt ist.

»Nur Weine mit Ecken und Kanten kommen in neue Barriques«, sagt Hehle selbstbewusst und nennt Nicolas Joly, den Vorreiter des biodynamischen Anbaus, als eine Inspirationsquelle. Hehle möchte womöglich auf diese Bewirtschaftung umstellen, füllt seine Weine nur in bestimmten Mondphasen ab und reizt im Weinberg Ertragsminimierung und Konzentration auf das Äußerste aus. Ein rigoroses Qualitätsstreben und eine tiefe Naturverbundenheit bilden das eigentliche Fundament seines Schaffens. Wolfgang Hehle fühlt sich mit seiner Umwelt eng verbunden, jagt, fischt und engagiert sich in dem Projekt für die Wiedereinbürgung der Lachse an der Ahr. Ein »Wein für die Wiederkehr der Lachse« ist auch der – lachsfarbene – »Saumon de l'Ahr«, der beste Rosé des Tals: mit einem kräftigen Geschmack nach Erdbeeren, Cassis, Lorbeeren und Kräutern.

Ganz nach seinem Lebensmotto: »Man muß auch jönne könne« – was soviel heißt wie: man muss auch loslassen können – brauchen die Weine ebenso viel Zeit wie der Winzer, der vor der Ernte über den Reifeverlauf entweder im Mallorca-Urlaub oder daheim in aller Ruhe nachsinnt: »Meine besten Weine sind im Hochsitz entstanden.«

Was lange währt, wird eben endlich gut. So benötigt der violettfarbene Dornfelder vier, fünf Jahre zur vollen Entfaltung und zeigt dann faszinierende Aromen von dunklen Früchten, Speck, Wacholder und Kräutern. Deutlich weniger Frucht hingegen hat der Portugieser aus etwa 80-jährigen Reben: eine Spur von Holunder, aber fleischig-rauchig-speckig und von mineralischem Tiefgang.

Das Rückgrat der spontan vergorenen und in der Spitze überwiegend unfiltriert abgefüllten Spätburgunder bildet

Links:
Wolfgang Hehle ist kein Fundamentalist des altvorderen Weinbaus, sondern ein klassischer Winzer mit Experimentierdrang.

wurzelecht
Rebstock, der nicht auf eine Un-
terlagsrebe gepfropft wurde,
sondern von eigenen Wurzeln
emporwächst. Seit der Reblaus-
plage sind die allermeisten Reben Pfropfreben.

Weingut H. J. Kreuzberg
Schmittmannstraße 30
D-53507 Dernau
Tel. +49 (0)26 43/16 91
Fax +49 (0)26 43/32 06
info@weingut-kreuzberg.de
www.weingut-kreuzberg.de
Öffnungszeiten: Mai bis Oktober
Mo.–Fr. 8–12 und 13–18 Uhr, Sa.,
So. und feiertags 10–18 Uhr;
November bis April Mo.–Fr.
8–12 und 13–18 Uhr,
Sa. und So. 10–15 Uhr

dieses Trio: Balthasar, ein klassisch ausgebauter Tischwein, der von einem rauchigen Himbeerduft, einer eleganten Fruchtfülle und feinwürzigem Spiel geprägt ist. Dann folgt der Lieblingswein von Hehle, der Caspar C. Uralte Reben, vorwiegend aus den Südsteillagen der Heimersheimer Landskrone und dem Ahrweiler Daubhaus, stehen Pate für diesen Klassiker aus einem niedrigen Ertrag von nur 30 Hektoliter pro Hektar. Noch ein Drittel weniger sind es im eleganten Grand Duc aus alten, wurzelechten Reben einer seit Jahrhunderten vom Standort geprägten kleintraubigen Sorte, den so genannten Kaasten-Reben, die Wolfgang Hehle in traditioneller Manier vermehrt. Genetischen Untersuchungen zufolge sollen die Reben nach dem Dreißigjährigen Krieg direkt aus Burgund an die Ahr importiert worden sein.

Ab dem Jahrgang 2004 wirken die Weine noch transparenter, feinfruchtiger und puristischer. Hehle machte nun auch in der Spitze etwa 20-prozentigen Saftabzug, wodurch die Spätburgunder etwas kompakter sind und das Holz besser einbinden. Im Altenahrer Eck treffen Cassis, Brombeere, Schokolade und Pflaume auf pures Mineral! Voll ungebändigter Urkraft gibt sich der Mayschoßer Mönchberg aus Steilterrassen, die wie aus dem Fels geschlagen wirken. Filigraner, mineralischer und feiner ziseliert schmeckt die Heimersheimer Landskrone, während das Neuenahrer Kirchtürmchen mit entschlossener Kraft und gezügelter Opulenz scheinbar mühelos das Korsett des engen Tals sprengt. Ein Glanzstück in diesem reichen Portfolio ist auch hier der Frühburgunder Alpha & Omega, der sich erst etwas kantig gibt, dann aber neben den Fruchtnoten von Himbeere und Erdbeere wunderbare kräuterige und mineralische Noten entfaltet. Wer hätte solche tieffarbenen, konzentrierten Weine voller viriler Kraft und Statur noch Mitte der 1980er-Jahre an der Ahr für möglich gehalten?

Damals zählte auch das WEINGUT KREUZBERG in Dernau zu den Betrieben der ersten Stunde, und Kellermeister Hermann-Josef Kreuzberg machte mit Werner Näkel erste Versuche mit dem Barriqueausbau. Der Weinstil der Kreuzbergs ist geprägt durch eine satte, aber feine Frucht, und doch ist es auch hier beileibe keine Kuschelqualität. Der Spätburgunder Unplugged – ein rotes, in traditioneller Manier gekeltertes Pendant zu dem Riesling von Martin

Tesch von der Nahe (siehe Seite 91) – gibt bereits ein Statement ab: spontan vergoren, offene Maischegärung, schonende Verarbeitung, filigrane Aromen, quirlige Säure. Eben typisch Ahr und ein Musterbeispiel für den authentischen, ungekünstelten und kompakt reifenden Stil des Hauses. Weine wie der Spätburgunder Devonschiefer Goldkapsel sind mit ihrem feinkörnigen, aber griffigen Tannin, den saftigen Aromen von Süßkirsche und Brombeeren und der zarten Schokoladennote ein schmelzender Genuss. Vor allem besitzt dieser Wein aber eines: Tiefe. Ein Klassiker ist der Spitzenwein aus dem Dernauer Pfarrwingert mit seinem aufregenden Bouquet von wilden Kräutern, Waldbeeren und Minze. Große Jahrgänge wie 1997 hatten damals schon das, wonach Ahrweine förmlich schreien: Gerbstoffe! Kein Problem jedoch für Kreuzbergs Pfarrwingert, der stilistisch immer einer der Konstanten dieses so sympathischen Gutes war. Inzwischen mussten die wurzelechten Reben aus den 1930er-Jahren jedoch ersetzt werden – durch hochwertige, burgundische Dijon-Klone 777. Der erste Spätburgunder aus dieser Neuanlage wird voraussichtlich ab dem Jahrgang 2008 gekeltert, angestrebt wird ein Großes Gewächs. Diese Kategorie hat nicht nur das Ahrtal insgesamt, sondern die Kreuzbergs insbesondere weiter nach vorne gebracht. 2003 erstmals gekeltert wurde das Große Gewächs aus dem Ahrweiler Silberberg, ein kraftvoller, dunkelbeeriger, fleischiger und sehr dichter Wein, der mit seiner wohl definierten Muskulatur durchaus im internationalen Stil eine kräftige Burgunderaromatik für ein langes Leben besitzt. Filigraner, rotbeeriger und mineralischer schmeckt das erstmals 2005 aufgelegte Pendant aus dem Neuenahrer Schieferlay, laut Ludwig Kreuzberg »eine absolute Sonnenlage, schiefrig, karg«. Die verlockende Frucht ist feingliedrig, die dezent mineralisch-salzige Art äußerst verlockend. Man staunt, was möglich ist, wenn man immer konsequenter nach Qualität strebt.

Ein Steckenpferd des Gutes mit der so beliebten Gutsschänke sind die geschmeidigen, extravaganten Frühburgunder, die einen Tick an köstlichen Schmelz besitzen. Der trockene Frühburgunder aus dem Holzfass hat die Kraft südlicher Sonne und das Rückgrat des Nordens, der Frühburgunder aus dem Barrique spendet aus großzügigem Herzen eine Extraportion Fruchtdichte und Holzwürze hin-

Maischegärung
Vor allem beim Rotwein gebräuchliche alkoholische Gärung »auf der Maische«, um v.a. Farb- und Gerbstoffe aus den Traubenschalen zu lösen.

Klon
Durch vegetative Vermehrung entstandene, genetisch identische Nachkommenschaft eines einzelnen Individuums, auch einer Rebe. Das Klonen der Rebstöcke gibt es schon seit Generationen.

zu. Diese Weine beeindrucken durch Kraft, Duft und Würze, zeigen neben der lebhaften Kirschfrucht Nuancen von Feige und Rosinen und einen lakritzeartigen Nachhall, in den sich in der Spitze auch mineralische Noten mischen: zupackend, einnehmend und mit so unvermitteltem Charme wie die sympathischen, vitalen Kreuzbergs selbst, die aktuell stringenter und gradliniger an ihrem Qualitätskonzept feilen. Ab dem Jahrgang 2007 steht dann auch das nächste Große Gewächs auf dem Plan: der Frühburgunder aus dem Dernauer Hardtberg.

Radikal hat Thomas Nelles vom WEINGUT NELLES in Bad Neuenahr-Heimersheim das Sortiment ausgedünnt. Früher standen hier noch über 50 Weine auf der Preisliste, nun gilt es für Weinfreunde erst einmal ein Quiz zu bestehen: Was bedeuten 1479, B 48 und B 52? Die Jahreszahl 1479 weist auf das erste in einem Zinsverzeichnis der Burg Landskrone erwähnte Weinjahr der Familie hin, und die an Bundesstraßen erinnernden Abkürzungen bezeichnen die besonders selektierten Spätburgunder des Jahrgangs. Sie kommen ursprünglich aus der vis-à-vis liegenden Heimersheimer Landskrone, allerdings aus unterschiedlichen Parzellen, was Thomas Nelles durch die Fassnummern »48« oder »52« unterschied. Heute steht der B 48 für einen etwas rustikaleren, kernigen Typus, während der B 52 mit seinem zarten Duft nach roten Waldbeeren, Himbeerkernen und Veilchen an einen hochklassigen Volnay aus dem Burgund erinnert. Übertroffen wird dieser Wein nur noch durch die Goldkapselversion, die noch differenzierter, eleganter, länger und zupackender ist. Das feine Holz zeigt sich hier gut integriert und überlagert keineswegs die feinstrahlige Fruchtsubstanz. Die kräuterigen Aromen mit einem leichten, provenzalischen Gewürzsträußchen, einem feingliedrigen, fast orientalischen Ansatz, kommen auch im Frühburgunder zum Ausdruck – trotz Barriqueausbaus. Der Frühburgunder trocken Barrique Goldkapsel B ist einer der exemplarischen Weine dieser raren Sorte. Seine verlockend süße Frucht wird durch feingeschliffene Tannine von sanfter Herbe ausbalanciert, die Traubigkeit steht hier im Vordergrund. Man schmeckt förmlich die sorgfältige Weinbergsarbeit!

Ab 2005 beteiligt sich Thomas Nelles auch an dem Projekt »Großes Gewächs« und legt vom Start weg gleich zwei verlockende Spätburgunder vor, die in der Spitzengruppe

Weingut Nelles
Göppinger Straße 13a
D-53474 Bad Neuenahr-
Heimersheim
Tel. +49 (0)26 41/24 349
Fax +49 (0)26 41/79 586
E-Mail: info@weingut-nelles.de
www.weingut-nelles.de
Öffnungszeiten:
Mo.–Fr. 9–12 und 14–18 Uhr,
Sa. 10–12 Uhr

Links:
Ein Riesenpotenzial für subtile Burgunder, die jene rare Kombination von Pinot noir und Schiefer zeigen: das pittoreske Ahrgebiet.

des Gebietes locker mitspielen. Vor allem das Große Gewächs aus der Heimersheimer Landskrone ist tiefgründig und eindrucksvoll, und im Nachhall durch eine pikant-salzige Note in bester burgundischer Manier mineralisch. »Die Tiefe kommt vom vulkanischen Gestein«, sagt Nelles und verweist auf den warmen, dichten, kompakten, dunkelbee-

In dem Mini-Canyon nördlich des 50. Breitengrads backen die Trauben im Hochsommer förmlich in den kargen Terrassen.

rigen Charakter des Weins, der »insbesondere durch seine floralen Aromen besticht«. Fleischiger, heller, mehr nach roten Früchten hingegen schmeckt die Heimersheimer Landskrone, hier ist der Schluck wie der Biss in saftiges Fruchtfleisch. In dieser Form setzt Nelles bei den Rotweinen ganz eindeutig zu einem Höhenflug an!

Der weiche, schmelzige, fruchtbetonte Stil des Hauses kommt ganz wunderbar auch bei der sommerfrischen Cuvée Albus aus Grauburgunder und Riesling mit ihren saftigen Aromen von Äpfeln und Melonen zum Ausdruck. Und der Spätburgunder Ruber widerlegt mit seinem Geschmack nach reifen Himbeeren und Erdbeeren das Vorurteil, dass Ahrweine unter zehn Euro nicht schmecken können! Das alles sind zweifellos ausgezeichnete Weine, doch vielleicht fehlt es so manchen Weißweinen gerade im unteren und mittleren Segment noch etwas an Strahlkraft, Spannung und Ausdruck. Sie sind sauber, reintönig, strukturiert und mitunter fast opulent. Allerdings geben sie sich auch recht primärfruchtbetont und sind mit einer *dienlichen* Restsüße ausgestattet, was den mineralischen Ausdruck etwas kaschiert. Zudem werden durch den Biologischen Säureabbau – auch beim Riesling – etwas das Spiel und die Lebendigkeit zurückgenommen. Vielleicht könnten sie noch etwas mehr von dem Schwung und der Heiterkeit dieser fast mediterran anmutenden Zauberlandschaft so hoch im Norden widerspiegeln.

Säureabbau
Malolaktische Gärung auch Biologischer Säureabbau oder Milchsäuregärung genannt: zweite Gärung, die bei Rotweinen erforderlich und bei manchen Weißweinen erwünscht ist. Dabei wird die »unreife« Apfelsäure nach der alkoholischen Gärung von Bakterien in die mildere Milchsäure umgewandelt.

Um Feinheit und Frucht geht es auch bei BROGSITTER WEINGÜTER – PRIVAT-SEKTKELLEREI in Grafschaft-Gelsdorf. Hinter diesem kompliziert klingenden Namen versteckt sich das Kernstück des Brogsitter-Unternehmens, einem führenden Wein-Unternehmen, zu dem auch eine eigene Sektkellerei, ein Wein-Handelshaus und das traditionsreiche Gasthaus »Sanct Peter« in Walporzheim gehören. Dreiunddreißig Hektar stehen im größten Privatbetrieb an der Ahr unter Ertrag, davon werden acht Hektar für die Top-Linie Hommage an Sanct Peter selbst bewirtschaftet – den Rest übernehmen Vertragswinzer. Seit 2006 werden die Weine komplett im Gebäudekomplex in Grafschaft-Gelsdorf vinifiziert, und der langjährige Kellermeister Elmar Sermann kann aus dem Vollen schöpfen und den Betrieb weiter nach oben führen: Blinkende Stahltanks blitzen neben neuen Barriques, eine schonende Traubenannahme garantiert supersaftige Weine. Seit 2007 ist hier auch der neue Barrique-Keller in Betrieb.

Brogsitter Weingüter – Privat-Sektkellerei
Max-Planck-Straße 1
D-53501 Grafschaft-Gelsdorf
Tel. +49 (0)22 25/91 81 11
Fax +49 (0)22 25/91 81 12
E-Mail: verkauf@brogsitter.de
www.brogsitter.de
Öffnungszeiten Vinothek:
 Mo.–Fr. 8–20 Uhr, Sa. 9–20 Uhr,
So. 13–19 Uhr

Im Basissegment schmecken die Weine vollmundig, weich, rund und apart aromatisch, haben an Charme und Frucht gewonnen. Der Ausdruck steigert sich über die mittlere Selections-Linie hin zu den in der Barrique ausgebauten Weinen Hommage Sanct Peter jedoch beträchtlich. Zarte Nuancen von Vanille, Toast und Rauch umspielen etwa beim Spätburgunder aus dem Walporzheimer Kräuterberg die Noten von Waldbeeren, Kirsche, Kräutern und Bittermandel. Noch markanter, fester, fleischiger, dichter und mit dem typischen Gewürzsträußchen versehen gerät der Frühburgunder aus dem Walporzheimer Pfaffenberg. Weniger mollig schmeckt der Spätburgunder Walporzheimer Alte

Ahr schmecken

BLAUSCHIEFER SPÄTBURGUNDER
Weingut Meyer-Näkel/Dernau

Das ist der Prototyp eines zartmineralischen, eleganten Ahr-Burgunders mit schmeichelnder, feinsaftiger, zartsüßlicher Frucht. Werner Näkel beherrscht nahezu perfekt die Klaviatur der Burgunderfrucht mit all ihren köstlichen Facetten und vollen, heiteren Tönen.

UNPLUGGED SPÄTBURGUNDER SPÄTLESE
Weingut Kreuzberg/Dernau

Das rote Pendant zum Riesling Unplugged von Martin Tesch in Langenlonsheim, der diese Marke kreiert hat, besitzt einen traubigen, vollen, warmen Geschmack, der keine künstliche Verstärkung im Keller braucht. Die kompakte, gradlinige Burgunderart des Betriebes zeigt sich durch ursympathischen, aufrechten, echten Charakter.

CUVÉE J. J. ADENEUER
Weingut J. J. Adeneuer/Ahrweiler

Die Brüder Frank und Marc Adeneuer haben zur Gebietsspitze aufgeschlossen. Nicht nur durch den fulminanten Spitzenburgunder aus der Monopollage Walporzheimer Gärkammer, sondern auch durch packende Basisqualitäten – was an der Ahr leider keineswegs selbstverständlich ist. Diese Cuvée aus Spätburgunder und richtig gutem Dornfelder hat Saft, Kraft, Schmelz und beerige Fülle. Tolle Mischung aus Charme und Statur!

SAUMON DE L'AHR SPÄTBURGUNDER ROSÉ
Weingut Deutzerhof-Cossmann-Hehle/Mayschoß

Wolfgang Hehle ist passionierter Jäger, Fischer und Naturfreund und hat sich auch für die Wiedereinbürgerung der Lachse an der kullernden Ahr eingesetzt. Dem edlen Salmoniden ist auch dieser ungewöhnlich subtile und kraftvolle Rosé gewidmet, der blitzt wie ein Fischkörper im Fluss und eine Spannung hat wie der Lachs kurz vor dem Sprung.

MAYSCHOSSER BURG FRÜHBURGUNDER BARRIQUE
Weingut Sermann-Kreuzberg/Altenahr

Der Frühburgunder übertrumpft an der Ahr mitunter selbst den vermeintlich großen Bruder, den Spätburgunder. Dieser Wein hat eine feine Ausstrahlung, er ist weich, geschmeidig, voll und supersaftig. Tolle Kirschfrucht mit einem Schuss Lakritze: ein seidiger Gaumenschmeichler von kraftvoller Präsenz und mit dem richtigen Schuss zarter Burgunderherbe.

Lay – hier kommt eine Extraportion Schmelz und burgundische Kraft ins Spiel. Diesem Wein behagt eine längere Maischestandzeit und ein längeres Holzfasslager, wovon die Früh- und Spätburgunder Ad Adam durch stärkeren Nachdruck bereits profitieren.

Einen erfreulich leckeren Stil zu erstaunlich kleinem Preis, der dafür als Sahnehäubchen über einen nicht ganz unbeträchtlichen Tiefgang, Biss und burgundischen Schmelz verfügt, hat Elmar Sermann auf dem Weingut seines Bruders Klaus Sermann herausgearbeitet. Auf dem aufstrebendem WEINGUT SERMANN-KREUZBERG in Altenahr hilft der versierte Kellermeister von Brogsitter nach Feierabend mit allen Kräften. Seit 1775 betreibt die Familie den Weinbau an der Ahr und bewirtschaftet heute als Familienbetrieb in der siebten Generation etwa 6,5 Hektar Rebfläche. Schwerpunkt sind die klassischen Sorten Früh- und Spätburgunder. Hier wird ein feingliedriger Regionalstil voller Wärme, aber zartem Tanninbiss gepflegt. Wie selbstverständlich stehen die Früchte im Glas! Qualitätspionier Theo Sermann, der sich schon vor etwa 100 Jahren für einen klassischen, nicht überfrachteten Ahrtypus einsetzte, hätte sicher seine Freude daran gehabt.

Tipps für Genussfreude deutlich unter zehn Euro sind bereits die beiden Spätburgunder aus dem Ahrweiler Forstberg und dem Altenahrer Eck, letzterer auch schön kräuterig und mit einer stilvollen Schiefernote. Die von klarer Frucht, zarter Süße und feinkörnigen Tanninen geprägten Barriqueweine und Auslesen werden durch den Frühburgunder aus dem Mayschoßer Burgberg angeführt: tolle Kirschfrucht mit einem Schuss Lakritze und nicht zu weiches Tannin. Ab 2006 hat dieser warmherzige Rote Konkurrenz bekommen, und zwar vom Frühburgunder Goldkapsel aus dem Dernauer Hardtsberg. Auf dem sehr kargen Schieferboden liegen die Erträge mit 25 bis 30 Hektoliter pro Hektar erfahrungsgemäß sehr niedrig, sodass dieser sehr dicht gewobene Wein mit seinen dunklen Beerenaromen und seiner mineralischen Würze für die Barrique prädestiniert scheint. Der 2006er wurde 18 Monate in neuen Barrique-Fässern ausgebaut und besitzt richtig Frucht, Gerbstoff und Schmackes.

Weingut Sermann-Kreuzberg
Seilbahnstraße 22
D-53505 Altenahr
Tel. +49 (0)26 43/71 05
Fax +49 (0)26 43/90 16 46
E-Mail: info@sermann.de
www.sermann.de
Öffnungszeiten:
Mo. bis So. 10–18 Uhr,
Mi. Ruhetag
Gästezimmer im Weingut

Winzergenossenschaft
Mayschoß-Altenahr
Ahrrotweinstraße 42
D-53508 Mayschoß
Tel. +49 (0)26 43/9 36 00
Fax +49 (0)26 43/93 60 93
E-Mail: wgmayschoss@t-online.de
www.wg-mayschoss.de
Öffnungszeiten:
November bis Mai
Mo.–So. 9–18 Uhr,
Juni bis Oktober
Mo.–So. 9–18.30 Uhr

Noch fester, fast kerniger schmecken die Gerbstoffe in den stoffigen Burgundern aus der hervorragend reifenden Linie Edition Ponsart von der WINZERGENOSSEN-SCHAFT MAYSCHOSS-ALTENAHR. Deutschlands älteste Winzergenossenschaft mit ihren rund 300 Mitgliedern hat sich unter Kennern vor allem einen Namen als »Eisweinspezialist« gemacht, und tatsächlich sind diese rassigen Weine mit ihrem fast überbordenden Bukett von kandierten Zitrusfrüchten und dem perfekten Säureschliff eine Kategorie für sich. Noch beachtlicher jedoch ist, dass bei einer durchschnittlichen Jahresproduktion von etwa einer Million Flaschen das breitangelegte Programm kaum Schwächen aufweist und selbst bei den Spitzenroten noch überzeugend ist. Dies ist insbesondere der langjährigen Arbeit des erfahrenen Kellermeisters Rolf Münster zu verdanken, der auch rassige, saftige Rieslinge keltert, die als trockene Spätlese aus dem Mayschoßer Mönchberg delikat nach Apfel und Aprikose duftet und einen ansprechenden mineralischen Tiefgang hat. Noch eine Spur saftiger und wie der Biss in eine frische Frucht schmeckt das halbtrockene Pendant. Weißwein hat eine lange Tradition in der Riesling-Hochburg Mayschoß, und diese pikant-rassigen Weine wecken durchaus Anklänge an gelungene Moselweine. »Die Schieferböden sorgen für eine enorme Fruchtpräsenz«, sagt Rolf Münster.

Keineswegs zurückhaltend geben sich die Genossen auch bei den Roten, die sogar noch einen Tick mehr überzeugen können. Klassiker sind die Ponsart-Weine, für die ausschließlich gesundes Erntegut verwendet werden darf und die Hektarerträge nicht 70 Hektoliter überschreiten dürfen. Diese Weine sind echte Trink-Gulliver, die trotz ihrer Kraft noch wesentlich flinker sind als so manches Öchsle-Monster … In ihnen stimmt das Augenmaß zwischen Konzentration, lebhafter Kirschfrucht und dem typischen Pinot-Charakter. Und manche Exemplare – wie der 1995er – verfeinern sich über einen Zeitraum von zehn Jahren, was an der Ahr selbst in der Spitze eine Rarität ist!

In der Spitzenlinie des Hauses, der Selection 12 Trauben, wird noch rigoroser gearbeitet; im Schnitt betrug der Hektarertrag in den letzten Jahren jeweils 33 Hektoliter. Trotz recht hohem Alkohol wird auch hier die klare, dichte Sortenart gewahrt, und griffige Gerbstoffe federn die Frucht regelrecht ab. Übertroffen wird dieses nur durch trockene Früh-

und Spätburgunder-Auslesen, die unfiltriert abgefüllt werden, dafür aber auch recht hoch im Alkohol liegen. Lobenswert ist auch das Engagement für einige Jungwinzer der Winzergenossenschaft, die in Eigenverantwortung einen eigenständigen Wein ausbauen dürfen. Der in der Barrique ausgebaute Edition Jungwinzer ist nur grob filtriert und

zeigt ein intensives Spiel von Brombeere, Kirsche und Johannisbeere, mit einer animierenden Kakaonote und einer leicht pflaumigen Süße unterlegt. Diese Weine sind echte Kraftprotze und typisch für den eher gerbstoffbetonten Mayschoßer Stil!

Paradelage für Burgunder in Marienthal: links Klostergarten, rechts Trotzenberg.

Neben seiner Arbeit bei den wackeren Genossen widmet sich Rolf Münster einem weiteren, zukunftsträchtigen Projekt. In einem Joint Venture von Hajo Brogsitter mit Werner Näkel, den Ahrwinzern (jetzt Dagernova) sowie der Genossenschaft in Mayschoß-Altenahr konnte 2004 auch die lange vor sich hinsiechende Staatsdomäne in Marienthal übernommen werden. Von den ehemals 16,5 Hektar der Staatsdomäne werden heute noch rund fünf Hektar für das

Weingut Kloster Marienthal
Klosterstraße 3
D-53507 Marienthal
Tel. +49 (0)26 41/98 060
Fax +49 (0)26 41/98 06 20
E-Mail: mail@weingut-kloster-marienthal.de
www.weingut-kloster-marienthal.de
Öffnungszeiten:
täglich von 10 Uhr bis in die
Abendstunden geöffnet

Weingut Maibachfarm
Im Maibachtal 100
D-53474 Bad Neuenahr-Ahrweiler
Tel. +49 (0)26 41/3 66 79
Fax +49 (0)26 43/3 66 43
E-Mail:
info@weingut-maibachfarm.de
www.weingut-maibachfarm.de
Öffnungszeiten:
Di.–Do. 9–19 Uhr, Fr. und
Sa. 8–19 Uhr, So. 13–19 Uhr

WEINGUT KLOSTER MARIENTHAL genutzt, der Rest wurde untereinander aufgeteilt. Das Sortiment wurde rigoros gestrafft, und regelmäßig treffen sich die vier Kellermeister, um die gemeinsame Linie festzulegen. Vor Ort kümmert sich Rolf Münster um den Ausbau der Weine, die Roten betreut er vor allem zusammen mit Werner Näkel. Sieben Weine stehen im Portfolio, darunter drei Cuvées mit einem Rosé mit dem exotisch anmutenden Namen »Marie Vallée« sowie drei Spätburgunder und ein Frühburgunder. Hier entwickelt sich ein ganz eigener, kompakter, klarer und fester Stil mit herber Kraft und wunderbar zarter Frische.

Denn nicht immer müssen Rotweine, um richtig Spaß zu machen, kompliziert, dick oder aufgedonnert sein! Die Ökoweine des erst 1998 gegründeten WEINGUT MAIBACHFARM sind solche ungekünstelten Erfrischungen voller Leben und mit sehr stimmiger, runder Stilistik, auch wenn der letzte Tick an Extravaganz, Wärme und an Charakter vielleicht noch fehlen mag. Die rührige Familie Gatzmaga bewirtschaftet 15 Hektar Anbaufläche aus besten Lagen strikt nach »Bioland-Richtlinien«, zwei Drittel davon in Steillagen – Tendenz weiter steigend. Wer hier in dem idyllischen Seitental oberhalb des Klosters Kalvarienberg jedoch alternative Hippieromantik vermutet, ist fehl am Platz. Alles ist fein säuberlich aufgereiht, und Günter und sein Sohn Andreas Gatzmaga haben ein Händchen für den Barriqueausbau. In der Spätburgunder Auslese aus dem Walporzheimer Kräuterberg etwa verbinden sich dezente Toastaromen mit dem typischen Würzbukett dieser Lage, während ein Schluck beim Spätburgunder trocken aus dem Ahrweiler Klosterberg wie der Biss in reife, rote Beeren ist. Und herzerfrischend – im besten Sinne – süffige Art zeigt der in der Barrique ausgebaute Portugieser aus dem Walporzheimer Pfaffenberg. Auch hier rangiert ein Frühburgunder aus dem Ahrweiler Rosenthal weit oben: dicht, zartsüßlich und geschmeidig. Das sind ungekünstelte, handwerklich und mit Sorgfalt und Liebe produzierte Weine, die gerade deshalb so richtig Spaß machen, weil sie nicht mehr sein wollen, als sie sind. Das ist durchaus keine Selbstverständlichkeit in Rotwein-Liliput!

Ahr in Zahlen

Rebsorte	1981	2005	Trend
Gesamtrebfläche	415 ha	544 ha	⇧
Weiße Rebsorten insgesamt	34,46 % = 143 ha	11,76 % = 64 ha	⇩⇩
Riesling	16,87 % = 70 ha	6,8 % = 37 ha	⇩⇩
Müller-Thurgau	14,46 % = 60 ha	2,57 % = 14 ha	⇩⇩
Grauburgunder	0,24 % = 1 ha	0,37 % = 2 ha	⤴
Weißburgunder	0,24 % = 1 ha	0,74 % = 4 ha	⤴
Sonstige	2,65 % = 11 ha	1,1 % = 6 ha	⤵
Rote Rebsorten insgesamt	65,3 % = 271 ha	88,24 % = 480 ha	⇧⇧
Domina	2,42 % = 10 ha	1,65 % = 9 ha	⤵
Dornfelder	1,67 % = 7 ha	3,86 % = 21 ha	⇧
Frühburgunder	0,96 % = 4 ha	6,25 % = 34 ha	⇧⇧
Regent	–	3,31 % = 18 ha	⇧
Blauer Spätburgunder	31,08 % = 129 ha	61,58 % = 335 ha	⇧⇧
Blauer Portugieser	28,19 % = 117 ha	9,38 % = 51 ha	⇩⇩
Sonstige	0,96 % = 4 ha	2,21 % = 12 ha	⇧

Quellen: Statistisches Landesamt Rheinland-Pfalz; Deutschlands Weinbauorte und Weinbergslagen, von Fritz Goldschmidt Mainz, Verlag der Deutschen Weinzeitung 1910

Leider liegen keine genauen Zahlen für 1900 vor. Hinweise auf die Kultivierung gibt wiederum Fritz Goldschmidt in seinem Buch von 1910: »Die Ahrweißweine sind ziemlich hellfarbig, leicht und von angenehmem Geschmacke. Hauptrolle spielen hier die Rotweine, von denen einige einen Weltruf genießen. Als die bekanntesten Orte mit besseren Lagen sind zu nennen: Bodendorf, Heimersheim, Neuenahr, Ahrweiler, Walporzheim, Altenahr, Mayschoß. An einzelnen Stellen ist der Bau musterhaft.« Die Ahr scheint somit also eine mustergültige Tradition für Rotweine zu haben. Über den Bereich Dernau schreibt Fritz Goldschmidt etwa: »Es werden hauptsächlich geerntet: zirka 5 Hektar Weißwein und 105 Hektar Rotwein. Hauptsächlich vorkommende Traubensorte: rote Spät-Burgunder.«

WEITERE EMPFOHLENE WEINGÜTER

Weingut Burggarten

Landskroner Straße 61
D-53474 Heppingen
Tel. +49 (0)26 41/2 12 80
Fax +49 (0)26 41/7 92 20
E-Mail: burggarten@t-online.de
www.weingut-burggarten.de
Öffnungszeiten: nach Vereinbarung
Ein sympathischer Familienbetrieb,
der durch veritable Alltagsqualitä-
ten ebenso glänzt wie durch herausragende Frühburgunder. Hier
bekommt man rote Basisweine für
wenig Geld – was an der Ahr keineswegs eine Selbstverständlichkeit
ist. Paul und Gitta Schäfer haben
den Betrieb mit ihren Söhnen Paul-
Michael (Kellermeister), Heiko und
Andreas auf stattliche 15 Hektar
ausgebaut und etabliert. Ein echter
Geheimtipp ist der Blanc de Noir
Neuenahrer Sonnenberg, dessen
harmonisch eingebundener
Holzton an hochfeine Vanille erinnert. Hier schmeckt selbst der
süffige, trockene Liter mit seiner
fruchtig-chamanten Art vom Spätburgunder so richtig gut!

Weinmanufaktur Dagernova

Heerstraße 91–93
D-53474 Bad Neuenahr-Ahrweiler
Tel. +49 (0)26 41/9 47 20
Fax +49 (0)26 41/94 72 94
E-Mail: info@dagemova.de
www.dagernova.de
Öffnungszeiten: Mo.–Fr. 8–18Uhr,
Sa. 8–12 Uhr

Weingut Peter Kriechel

Walporzheimer Straße 83–85
D-53474 Bad Neuenahr-Ahrweiler
Tel. +49(0)26 41/3 61 93
Fax +49(0)26 41/50 04
E-Mail:
weingut.kriechel@t-online.de
www.weingut-kriechel.de
Öffnungszeiten: nach Vereinbarung
Sicher einer der Aufsteiger der
letzten Jahre. 1952 gründete Peter
Kriechel mit einer Anbaufläche von
1,5 Hektar das Weingut, übergab
den Betrieb 1969 an seine Söhne
Hermann und Ernst, beide Winzer-
meister und Weinbautechniker.
2003 hat die jüngere Generation
(Markus, Michael und Gerd)
zusammen mit Ernst Kriechel das
Weingut übernommen, und seit
2001 wird das 20 Hektar große
Gut unterstützt durch Kellermeister
Michael Hewel. Das Steckenpferd
sind ganz klar die großkalibrigen
Spät- und Frühburgunder mit ihrer
klaren, dichten, präzisen, schnörkel-
losen Frucht – wobei insbesondere
der Portugieser dank starker Men-
genreduzierung und alter Reb-
bestände die kolportierten
Dimensionen deutlich sprengt! Eindrucksvoll sind ebenfalls die Grauburgunder. Die Stars sind hier aber
die trockenen Auslesen aus dem
Neuenahrer Sonnenberg und dem
Walporzheimer Kräuterberg, insbesondere als Goldkapsel R.
Weiche, teils sogar barocke Beerenfrucht mit Rückgrat, für ein
langes Leben gebaut und meist
auch mit strahlender Frische!

Weingut Peter Lingen

Teichstraße 3
D-53474 Bad Neuenahr-Ahrweiler
Tel. +49 (0)26 41/2 95 45
Fax +49 (0)26 41/20 11 36
E-Mail: info@weingut-lingen.de
www.weingut-lingen.de
Öffnungszeiten: nach Vereinbarung
(Kernzeiten 9–19 Uhr)

Weingut Erwin Riske

Wingertstraße 26–28
D-53507 Demau
Tel. +49 (0)2643/84 06
Fax +49 (0)2643/35 31
E-Mail: Weingut-Riske@t-online.de
www.weingut-riske.de
Öffnungszeiten: Mo.-Fr. nach Ver-
einbarung, Sa. 10–18 Uhr, So. und
feiertags 15–18 Uhr

Weingut Jakob Sebastian Nachf. GmbH & Co. KG

Brückenstraße 2
D-53506 Rech
Tel. +49 (0)26 43/9 36 10
Fax +49 (0)26 43/93 61 61
E-Mail: info@jakob-sebastian.de
www.jakob-sebastian.de
Eine großartige Entdeckung! Mit
Spätburgundern und Portugieser,
die ab dem Jahrgang 2006 geradezu
exemplarisch zeigen, wozu Ahr-
Burgunder fähig sind. Sie entwickeln
eine unnachahmlich feinduftige
Eleganz und Wärme, die am
Gaumen die Früchte köstlich zerplatzen und förmlich dahin schmel-
zen lässt. Vor allem beeindrucken
an diesen ungeschminkten Weinen
die leisen Töne, die Sensibilität, die
sich von vorne bis nach hinten zieht,
die Saftigkeit am Ansatz und die
fruchtsüße Traubigkeit.
Seit 1902 betreibt die Familie Sebastian den kleinen Weinbau- und

Kellereibetrieb in Rech. Heute führen Alice Sebastian und Sohn Christoph den Traditionsbetrieb und werden seit dem Jahrgang 2006 von Gernot Kollmann unterstützt. Kollmann, Ex-Kellermeister des Saar-Weingutes Van Volxem, ist als Berater für Weingüter tätig und rekultiviert auch den Langsurer Bruederberg an der Obermosel. Bei Jakob Sebastian setzt der Trierer auf klassische Maischegärung, Spontanvergärung und ein präsentes, feines Gerbstoffgerüst. Alle Weine werden im Holzfass, in den Größen von 300 bis 2400 Liter ausgebaut, bis eine harmonische Einbindung der Gerbstoffe erreicht ist. Bekömmliche, lagerfähige und harmonische Weine sind das Ziel. Enzyme zur Farbausbeute, Deckrotweine, Saftabzug, Maischeerhitzung oder eine übermäßige Chaptalisierung gibt es hier nicht. Stattdessen steht die Harmonie des Weines im Vordergrund. Die Familie verzichtet sogar auf Filtration!

Im Heimersheimer und im Heppinger Berg stehen die wichtigsten Weinberge der Familie Sebastian. Bereits der Basis-Spätburgunder aus dem Heimersheimer Berg erstaunt in Ausdruck und Feinheit. Transparenz, Charme und Trinkfreudigkeit sind hier die drei Glaubensgrundsätze. Die Spätburgunder Auslese trocken Alte Reben aus dem Ahrweiler Daubhaus (eine warme Steillage mit Lössverwehungsauflage) bietet Schmatzfaktor zehn jenseits der maximal möglich Holz- und Fruchtintensität. Bei aller Wärme und Dichte glüht dieser Wein von innen und setzt schluckweise Kräuter und Würze frei. Schließlich die trockene Auslese Heimersheimer Berg Alte Reben: gefährliche Sogwirkung aus dem wohl wichtigsten Weinberg der Sebastians. Die Reben wachsen auf einer Mittelterrasse ebenfalls mit Löss, darunter ist der Boden aber skelettreicher als im Daubhaus, mit Kiesel, Basaltstückchen, Kalk- und Buntsandstein-

fragmenten. Dementsprechend vielschichtig und ausdifferenziert ist das Aromenspektrum, das einen förmlich in das Glas hineinzieht. Kirsche, sanft pflaumige Süße, orientalische Gewürze, warme Erdverbundenheit.

Und wer dann noch meint, dass Portugieser an der Ahr nicht zu großer Form auflaufen kann, sollte mal den unfiltrierten Marienthaler Trotzenberg Alte Reben probieren. Auf den feinsten, steilen Schieferverwitterungsböden läuft diese klassische Rebsorte zu Hochform auf. Der Entertainer spart nicht mit Würze und Holunderbeeren, die bei jedem Schluck richtig den Gaumen hinunterpurzeln und so nachhaltig schmecken, als wenn sie nie wieder weg wollen.

Weingut Sonnenberg
Heerstraße 98
D-53474 Bad Neuenahr
Tel. +49 (0)26 41/67 13
Fax +49 (0)26 41/20 10 37
E-Mail: info@weingut-sonnenberg.de
www.weingut-sonnenberg.de
Öffnungszeiten: Mo.–Fr. 10.30–12 und 14–18 Uhr, Sa. 10.30–14 Uhr, So. und feiertags 10.30–12 Uhr
Freunde frischer, fruchtiger, saftiger Weine sind hier genau richtig. Mittlerweile hat der junge Marc Linden die Regie übernommen und ist als Betriebsleiter und Kellermeister in dem Familienbetrieb tätig. Auch wenn so mancher Ahr-Rotwein mitunter auf dem Holzweg sein mag – beim Weingut Sonnenberg bevorzugt man einen gepflegten, klassischen Ausbau. »Wir benötigen kein Chiptuning, um unseren Weinen mit Kosmetik ein anderes Geschmacksbild zu geben«, sagt Marc Linden. »Der Wein wird im Weinberg gemacht, im Keller findet nur noch Schadensbegrenzung statt.« In der Tat bereiten die Roten, etwa aus dem Neuenahrer Schieferlay, viel Vergnügen und fruchtige Eleganz jenseits von Breitleinwand-Geschmeidigkeit, und sowohl Grauburgunder feinherb als auch der Blanc de Noir Spätburgunder feinherb sind süffige, leckere Zechweine, die man am besten gleich in der hauseigenen Straußwirtschaft genießt. Den Spätburgundern könnte in der Spitze noch ein Tick mehr an Tiefe, Wärme und Rückhalt gut tun.

HOTELS UND RESTAURANTS

ALTENAHR

Gasthaus Assenmacher
Brückenstraße 12
D-53505 Altenahr
Tel. +49 (0)26 43/18 48
Fax +49 (0)26 43/32 37
E-Mail:
info@gasthaus-assenmacher.de
www.gasthaus-assenmacher.de
Öffnungszeiten:
Mi.–So. 17.30–21 Uhr
Sehr ehrgeizige Küche, sehr gutes
Preis-Leistungs-Verhältnis.
Preiskategorie: €

BAD NEUENAHR-AHRWEILER

Burghotel Adenbach
Adenbachhutstraße 1–3
D-53474 Bad Neuenahr-Ahrweiler
Tel. +49 (0)26 41/33 12
oder 3 89 20
Fax +49 (0)26 41/3 17 14
E-Mail:
info@burghotel-adenbach.com
www.burghotel-adenbach.com
Etwas Gutes essen und trinken in
mittelalterlicher Atmosphäre.
Preiskategorie: €€

Brogsitters Sanct Peter
Walporzheimer Straße 134
D-53474 Bad Neuenahr-Ahrweiler
Tel. +49 (0)26 41/9 77 50
Fax +49 (0)26 41/97 75 25
E-Mail: sanct-peter@brogsitter.net
www.sanct-peter.de
Öffnungszeiten: Mo.–Mi. 12–14.30
und 18.30–21.30 Uhr, Do. Ruhetag,
Sa. 12–14.30 und 18.30–21.30,
So. mittags geschlossen, abends
18.30–21.30
Gourmetküche im historischen
Gasthaus mit Romantik-Hotel.
Preiskategorie: €€€

Restaurant Freudenreich
Göppingerstraße 13
D-53474 Bad Neuenahr-Ahrweiler
Tel. +49(0)26 41/68 68
Fax +49(0)26 41/14 63
E-Mail: info@restaurant-freuden-
reich.de
www.restaurant-freudenreich.de
Öffnungszeiten: Mi.–Fr. 18–23 Uhr,
Sa., So. und feiertags auch 12–15
Uhr, Mo. und Di. Ruhetag
»Neue Deutsche Küche« von der
Ahr und die Weine des Weinguts
Nelles versprechen einen gelunge-
nen Abend. Mit Gartenterrasse und
Gästezimmern.
Preiskategorie: €€

Restaurant & Hotel Hohenzollern
Am Silberberg 50
D-53474 Bad Neuenahr-Ahrweiler
Tel. +49 (0)26 41/97 30
Fax +49 (0)26 41/59 97
E-Mail:
info@hotelhohenzollern.com
www.hotelhohenzollern.com
Öffnungszeiten Restaurant:
Mo.–So. 12–14.30 und
18.30–21.30 Uhr
Das Hotel Hohenzollern liegt direkt
am Rotweinwanderweg. Dieser
verbindet hoch über dem Talboden
alle Weinorte des Anbaugebietes
der Ahr. Nach der Wanderung
kann man im Restaurant entspannt
speisen mit genialem Blick aufs Ahr-
Tal.
Preiskategorie: €€

Restaurant Idille
Am Johannisberg 101
D-53474 Bad Neuenahr-Ahrweiler
Tel. +49 (0)26 41/2 84 29
Fax +49 (0)26 41/2 50 09
E-Mail: mail@idille.de
www.idille.de
Öffnungszeiten: täglich ab 18 Uhr,
So. und feiertags ab 12 Uhr
Große Weinkarte, auch super deut-
sche Weine, modernes geschmack-
volles Ambiente!
Preiskategorie: €€

Straußwirtschaft Sonnenberg
Heerstraße 98
D-53474 Bad Neuenahr-Ahrweiler
Tel. +49 (0)26 41/67 13
Fax +49 (0)26 41/20 10 37
E-Mail:
info@weingut-sonnenberg.de
Öffnungszeiten: Vom 17. September
bis Ende Oktober Do.–Fr. 18–22
Uhr, Sa. 15 bis 22 Uhr
Wunderschöne Straußwirtschaft
des Weinguts Sonnenberg.
Preiskategorie: €

Steinheuers »Zur Alten Post«
Landskroner Straße 110
D-53474 Bad Neuenahr-Ahrweiler
Tel. +49 (0) 26 41/9 48 60
Fax +49 (0) 26 41/94 86 10
E-Mail: info@steinheuers.de
www.steinheuers.de
Öffnungszeiten: Mo., Do., Fr., Sa.,
So. 12–14 Uhr und ab 18.30 Uhr
Steinheuers Zur Alten Post ist eines
der besten Restaurants Deutsch-
lands, famose Karte, hervorragen-
der Weinkeller. Auch ein
Landgasthof und ein Hotel sind
angeschlossen.
Preiskategorie: €€€

DERNAU

Hofgarten
Bachstraße 26
D-53507 Dernau
Tel. +49 (0)26 43/15 40
Fax +49 (0)26 43/29 95
E-Mail: info@hofgarten-dernau.de
www.hofgarten-dernau.de
Öffnungszeiten: ganzjährig von
11–23 Uhr
Der Hofgarten des Weingutes
Meyer-Näkel ist ein sehr schönes
Wein- und Speiselokal (mit Ferien-
wohnungen), in dem man regionale
Gerichte erleben kann. Dazu die
Roten von Werner Näkel. Ein
Genuss!
Preiskategorie: €€

Weingut H. J. Kreuzberg
Schmittmannstraße 30
D-53507 Dernau
Tel. +49(0)26 43/16 91
Fax +49(0)26 43/32 06
E-Mail info@weingut-kreuzberg.de
www.weingut-kreuzberg.de
Öffnungszeiten: Juli bis Oktober Fr.
15–23 Uhr, Sa. ab 12 Uhr, So. und
feiertags ab 10 Uhr Uhr, Mo.–Do.
geschlossen
Weinstube mit großen Innenhof
und Übernachtungsmöglichkeiten,
einer der Klassiker des Ahr-Tals!
Preiskategorie: €

HEPPINGEN

Weinquartier Burggarten
Landskroner Straße 61
D-53474 Heppingen
Tel. +49 (0)26 41/2 12 80
Fax +49 (0)26 41/7 92 20
E-Mail: burggarten@t-online.de
www.weingut-burggarten.de
Individuell liebevoll eingerichtetes
Winzerhotel beim Weingut Burg-
garten.
Preiskategorie: €€

MAYSCHOSS

Gasthof Zur Saffenburg
(mit Hotel)
Ahr-Rotweinstrasse 43
D-53508 Mayschoß
Tel. +49 (0)26 43/83 92
Fax + 49 (0)26 43/81 00
E-Mail: info@gasthof-saffenburg.de
www.gasthof-zur-saffenburg.de
Öffnungszeiten: täglich 11–22 Uhr,
Mi. Ruhetag (Hotel geöffnet)
Familienbetrieb am Ortseingang
von Mayschoß, gegenüber der
Winzergenossenschaft Mayschoß
gelegen. Perfekter Ausgangspunkt
für Touren auf dem Rotweinwan-
derweg.
Preiskategorie: €€

RECH

Landgasthof Jagdhaus Rech
(mit Hotel)
Familie Bitzen
Bärenbachstraße 35
D-53506 Rech
Tel. +49 (0)26 43/84 84
Fax +49 (0)26 43/31 16
E-Mail: info@jagdhaus-rech.de
www.jagdhaus-rech.de
Öffnungszeiten: täglich 8–23 Uhr,
von Ende November bis Ostern
Mo. und Di Ruhetag
Eine wahre Spezialität, die Wild-
küche von Markus Bitzen.
Preiskategorie: €

REMAGEN

Kripper Weinkontor Diedenhofen
Rheinallee 31
D-53424 Remagen
Tel. +49 (0)26 42/4 69 42
Öffnungszeiten:
Do. und Fr. ab 18 Uhr, Sa. ab 15.30
Uhr, so. ab 11.30 Uhr,
Mo.–Mi. Ruhetag
Weinproben nach Vereinbarung
Herrliches Ambiente in naturvoller
nostalgischer Umgebung mit exzel-
lenter Küche.
Preiskategorie: €€

SINZIG

Restaurant Vieux Sinzig
Kölner Straße 6
D-53489 Sinzig
Tel. +49 (0)26 42/4 27 57
Fax +49 (0)26 42/4 30 51
E-Mail: info@vieux-sinzig.com
www.vieux-sinzig.com
Öffnungszeiten: Mi.–So. 11.30 bis
14 Uhr und ab 18 Uhr, Mo. und Di.
Ruhetag
Geniale Küche vom Kräuterpapst
Jean-Marie Dumaine.
Preiskategorie: €€

REGISTER
WEINGÜTER, RESTAURANTS
UND HOTELS